Das Buch

Situationen, wie sie jeder kennt: Er kommt geschafft aus dem Büro nach Hause und will nur eins: seine Ruhe. Sie hat den ganzen Tag lang den Haushalt organisiert, war sozusagen im stillen Kämmerlein, und will jetzt endlich reden. Gegensätzliche Bedürfnisse prallen aufeinander. Männer und Frauen können sich einfach nicht verstehen, meinte Deborah Tannen – doch schließlich müssen sie miteinander auskommen. Wie zwischen dem, was er sagt, und dem, was sie sagt, eine Brücke geschlagen werden kann, zeigen Laurie Schloff und Marcia Yudkin. Die Autorinnen greifen typische Kommunikationsprobleme in Partnerschaft, Freundschaft, Familie und Beruf auf und geben praktische und zugleich originelle Ratschläge, was zu tun und was zu lassen ist, wenn man sich gegenseitig besser verstehen will. Ihre konstruktiven Kommentare zur Kunst der Kommunikation reichen vom Umgang mit männlichen Gefühlsmuffeln über die richtige Reaktion auf den Chef, der sexistische Späßchen macht, bis hin zu den Kollegen, die einen ständig stören, oder Frauen, die alles zu Tode diskutieren. Ein begeisterter Leser nannte dieses Buch »die kürzeste Distanz zwischen zwei Leuten«.

Die Autorinnen

Laurie Schloff leitet die Speech Improvement Company in Boston, Massachusetts. Als Rhetoriktrainerin betreut sie Einzelpersonen und Gruppen.
Marcia Yudkin arbeitet als freie Autorin und Beraterin in Boston. Veröffentlichungen u.a.: ›Freelance Writing for Magazines and Newspapers‹ (1988); ›Smart Speaking‹ (1991) zusammen mit Laurie Schloff.

Laurie Schloff, Marcia Yudkin: Er sagt, sie sagt

Die Kunst, miteinander zu reden

Deutsch von Margarete Längsfeld

Deutscher
Taschenbuch
Verlag

dtv

Deutsche Erstausgabe
März 1996
Deutscher Taschenbuch Verlag GmbH & Co. KG, München

Titel der amerikanischen Originalausgabe:
He and she talk. How to communicate with the opposite sex
Plume, New York 1993
ISBN 0-452-27066-9
Deutschsprachige Ausgabe:

Umschlaggestaltung: Klaus Meyer, Antonia Berger
Umschlagphoto: Juan Alvarez/Image Bank
Satz: Design-Typo-Print, Ismaning
Druck und Bindung: C. H. Beck'sche Buchdruckerei, Nördlingen
Printed in Germany · ISBN 3-423-36529-3

Inhalt

Vorwort

Als goldene Regel darf das wohlbekannte Sprichwort gelten: »Was du nicht willst, das man dir tu, das füg' auch keinem andern zu.« Leider lenkt uns dieses hehre Prinzip dort, wo es um die Kommunikation zwischen den Geschlechtern geht, eher in Richtung Konflikt und Mißverständnis als in Richtung Harmonie. Es ist heute allseits bekannt, daß Männer und Frauen sich in Kommunikationsverhalten, -erwartungen und -vorlieben stark unterscheiden. Wenn wir mit dem anderen Geschlecht so kommunizieren, wie wir wünschen, daß andere mit uns kommunizieren – wie es die meisten von uns instinktiv tun –, schaffen wir oft die Voraussetzungen für Mißverständnisse und Enttäuschungen.

Dieses Buch bietet praktische, situationsbezogene Ratschläge und spezielle Strategien, mit denen selbst dann befriedigendere Ergebnisse erzielt werden, wenn nur einer der Kommunikationspartner sie befolgt. Wir bieten vernünftige Lösungen für allgemeine Verständnisschwierigkeiten zu Hause, am Arbeitsplatz und mit Freunden, Bekannten und Verwandten.

Wo möglich, haben wir Studien- und Umfrageergebnisse eingefügt, die Geschlechterdifferenzen in der Kommunikation umreißen. Wir sehen die meisten dieser Differenzen nicht auf Genen oder Hormonen begründet, sondern auf voneinander abweichenden Verhaltensweisen, zu denen Männer und Frauen von Kind an angehalten und die ihnen als Erwachsene honoriert werden.

Bitte denken Sie beim Lesen daran, daß Verallgemeinerungen oder Verhaltensmuster in diesem Buch nie hundertprozentig zutreffen. Wir haben versucht, unserer Erkenntnis, daß Statistiken nicht alle Situationen abdecken, gerecht zu werden, indem wir innerhalb der Kapitel Männer- und Frauennamen sowie weibliche und männliche Pronomen abgewechselt und gelegentlich Beispiele gebracht haben, die beliebte Klischees auf den Kopf stellen.

Wir unterscheiden uns von einigen anderen, die über Kommunikation zwischen Männern und Frauen geschrieben haben, durch die Annahme, daß das Wissen über Geschlechtsunterschiede in der Kommunikation nur der erste Schritt zu produktiveren, konstruktiveren Beziehungen ist.

Wenn beide Seiten motiviert sind, die Kommunikation zu verbessern, dann können Sie über Veränderungen reden, die Ihnen beiden akzeptabel erscheinen, um den Kommunikationsstreß zu mindern und die Chancen zu gegenseitigem Verstehen zu mehren. Wenn Ihr Kommunikationspartner beziehungsweise Ihre -partnerin sich nicht zu einer Veränderung motiviert fühlt, stehen Ihnen zur Lösung des Problems immer noch drei Möglichkeiten offen: Sie können einfach beschließen, Ihre Differenzen zu akzeptieren; Sie können Ihr Verhalten ändern, um sich dem anderen anzupassen; oder Sie können versuchen, Ihr Gegenüber dahingehend zu beeinflussen, daß es seine Kommunikationsweise ändert. Denken Sie daran, daß Sie nicht die Macht haben, Verhalten oder Einstellung eines anderen Menschen zu ändern. Aber indem Sie den anderen stärker in Ihr eigenes Handeln, Reagieren und Denken einbeziehen, können Sie die Kommunikation in befriedigendere Bahnen lenken.

Es steht Ihnen frei, mit der Lektüre dieses Buches an beliebiger Stelle zu beginnen und zwischen den Kapiteln, die Ihre gegenwärtigen Kommunikationsprobleme am besten abdecken, hin und her zu springen. Wir haben zuweilen Querverweise auf Kapitel eingefügt, die ähnliche Informationen und Ratschläge enthalten.

Dies ist ein praktisches Buch, und Praxis werden Sie häufig brauchen, bevor Sie zu Ergebnissen gelangen. Wenn Sie eine neue Kommunikationstechnik ausprobieren, etwa Kontra geben, wo Sie zuvor geschmollt haben, oder Fragen stellen, wo Sie zuvor Lösungen aufgezwungen haben, gibt Ihnen Ihr verändertes Verhalten vielleicht zu Beginn ein mulmiges Gefühl. Bemühen Sie sich trotzdem weiter, denn Wiederholung macht Ihnen das neue Verhalten vertraut, und Ihre Strategie hat vielleicht eine verzögerte, dann aber gesteigerte Wirkung. Versuchen Sie es zehnmal mit jeder Technik, bevor Sie passen oder folgern, daß sie nicht funktioniert.

Wir danken unserer Literaturagentin Diana Finch und unserer Verlegerin Deborah Brody für die Geburtshilfe bei diesem Buch, ebenso den Männergruppen in Belmont und Salem, Massachusetts, die uns mit Erkenntnissen und Vorschlägen unterstützt haben. Darüber hinaus gilt Marcias Dank Liz Curtis Higgs und Patti Wood für Informationen über männlich-weibliche Kommunikationsdifferenzen sowie Gila, Joan und Florence Yudkin für Ideen und Zuspruch. Laurie dankt Gertrude Schloff für ihre Unterstützung und die vielen Briefe sowie Dennis und Paula Becker von der Speech Improvement Company für ihre außergewöhnliche kollegiale Kommunikation. Dank an Lauries Ehemann Ed Horowitz, weil wir uns an seiner Schulter »ausweinen« durften – und jetzt lesen Sie bitte dieses Buch!

Kommunikation unter Paaren

Meine Partnerin sagt, ich bin unsensibel, aber das finde ich nicht

Was *Sie* unter Einfühlsamkeit verstehen und was *sie* unter Einfühlsamkeit versteht, sind möglicherweise zwei Paar Stiefel. Andrea wollte jeden Tag von Joe gefragt werden, wie sie sich fühle – keine leichte Aufgabe für Joe, der kaum Zeit fand, sich selbst zu fragen, wie er sich fühlte. Joe glaubte Einfühlsamkeit zu beweisen, indem er Andrea abends, wenn sie beim Lesen einschlief, die Schuhe auszog und sie ins Bett brachte. Andrea wußte die kleinen Dinge, die er unermüdlich für sie tat, offenbar nicht zu schätzen. Für sie zählten einzig und allein Gespräche.

Einfühlsamkeit heißt, einen Menschen zu verstehen, indem man sich in ihn hineinversetzt, und dieses Verständnis dann in Worten oder Taten auszudrücken. Ist Ihre Liebste zum Beispiel schüchtern, so werden Sie, auch wenn *Ihnen* eine Riesenfete vorschwebt, zu ihrem dreißigsten Geburtstag keine große Überraschungsparty veranstalten.

Die unterschiedliche Erziehung von Jungen und Mädchen bringt es mit sich, daß die Geschlechter sich in punkto Sensibilität verschieden verhalten. Frauen verstehen es besser als Männer, durch Zuhören, Verständnis, Zustimmung, durch eine mitfühlende Miene und durch Augenkontakt Einfühlungsvermögen zu vermitteln. Wenn eine Frau diese Reaktionen bei dem Mann ihres Lebens vermißt, verpaßt sie ihm möglicherweise das Etikett »unsensibel«. Ein Mann, der Gefühle gewöhnlich eher durch Handeln als durch Worte ausdrückt, mag seine Partnerin für unsensibel halten, weil sie seine Gefälligkeiten und seinen Verzicht auf seine abendliche Männerrunde nicht würdigt.

Da gegenseitiges Verständnis eines der kostbarsten Geschenke ist, die man sich in einer Beziehung machen kann, sollten Sie einige Zeit verwenden auf folgendes

Sensibilitätstraining, auf den Stand der 90er Jahre gebracht

1. *Bewußtmachung.* Berücksichtigen Sie, daß Sie beide verschiedene Vorstellungen von einfühlsamem Verhalten haben. Führen Sie sich gemeinsam mit Ihrem Partner folgende Checkliste zu Gemüte, und vervollständigen Sie sie gegebenenfalls.

Checkliste für Einfühlungsvermögen
Welche der genannten Verhaltensweisen kennzeichnen für Sie Einfühlsamkeit?

- darauf achten, was ich sage
- bestätigen, daß meine Ansichten vernünftig sind
- würdigen, daß ich Interesse und Besorgnis zeige
- zuhören, ohne eine Meinung zu äußern
- zuhören und Ratschläge geben, Zustimmung oder Mißbilligung äußern
- anerkennen, was ich geleistet habe
- sich morgens und abends nach meinem Tageslauf erkundigen
- mich mit Geschenken, Kärtchen, Briefen usw. überraschen
- mich in Ruhe lassen
- mich drängen, mich weiterzubilden
- Komplimente machen
- konstruktive Kritik äußern

- jede Art von Kritik vermeiden
- mich mit Aufmerksamkeiten und körperlicher Zuwendung überschütten
- peinliche oder schmerzliche Themen vermeiden
- Probleme offen angehen
- ungefragt einen Gefallen tun
- meine guten und schlechten Seiten verstehen können
- nicht mehr verlangen, als ich im Augenblick geben kann
- sich auch beim gemeinsamen Schweigen wohlfühlen
- mich nach meinen Empfindungen zu Menschen und Ereignissen fragen
- sich nicht zu eindringlich nach meinen Empfindungen erkundigen
- andere Verhaltensweisen

2. *Einstimmung auf den anderen.* Sobald Sie herausgefunden haben, was die Sensibilitätssensoren Ihrer Liebsten zum Schwingen bringt, fügen Sie Ihrer Liste noch ein, zwei Verhaltensweisen an.

Joe brachte Andrea nicht mehr ins Bett, sondern stimmte sich statt dessen auf ihre alltäglichen Empfindungen ein. Zwar konnte er eigentlich nicht verstehen, warum ihr soviel an einer simplen Frage wie »Was hast du dabei empfunden?« lag, aber Andrea war dankbar für sein Interesse.

3. *Oder nichts von alledem.* Wenn es Ihnen zu unnatürlich vorkommt, dem zu entsprechen, was Ihre Partnerin unter einfühlsamem Verhalten versteht, sagen Sie es. Dann wird sie zumindest wissen, daß es nicht mangelndes Einfühlungsvermögen ist, was Sie hemmt.

»Andrea, es liegt mir einfach nicht, dir jedesmal ein Kompliment zu machen, wenn wir uns in Schale geworfen haben.«

Ich kann mich mit Freunden ungezwungener unterhalten als mit meinem Partner

Für viele Menschen ist die Ehe mit jemandem, den sie aufrichtig als ihren besten Freund bezeichnen können, das Ideal schlechthin. Allerdings werden Ehepartner eher zu Lebenspartnern als zu Gesprächspartnern erwählt. Liebe wird häufig eher mit Lust, gemeinsamen Lebenszielen oder Wohlbefinden im Alltag in Verbindung gebracht als mit tiefschürfenden Diskussionen. Ein Klient, dessen kürzlich arbeitslos gewordene Ehefrau nun Zeit hatte, sich täglich mit ihm zum Mittagessen zu treffen, beklagte sich über diese neue Gelegenheit, sich gemeinsam zu langweilen. »Ich habe sie geheiratet, um mit ihr zu leben, nicht um mit ihr zu lunchen«, sagte er.

Studenten des Fachbereichs Kommunikationswissenschaft an der Universität von Iowa befragten kürzlich 1585 Personen, um festzustellen und zu bewerten, wie zufrieden diese mit Alltagsgesprächen waren. Insgesamt wurde in der Studie die Qualität von Gesprächen mit geliebten Personen als weniger befriedigend eingestuft als der Austausch mit Verwandten und mehr oder weniger guten Freunden. – Einige weitere kuriose Ergebnisse: Konflikte in Gesprächen traten meist mittwochs auf, und der regelmäßige Austausch mit weiblichen Personen wurde mit einem größeren gesundheitlichen Wohlbefinden in Zusammenhang gebracht.

Meine Klientin Ruth berichtete mir, bei Gesprächen mit ihrem Mann Christopher sei es stets zu Spannungen gekommen, aber jetzt verstünden sie sich so gut wie seit den Flitterwochen nicht mehr. In der Hoffnung auf eine neue, umwerfende Erkenntnis fragte ich, was sich geändert habe. Sie erwiderte obenhin: »Ach, wir reden einfach nicht mehr soviel miteinander.« Ruth hatte sich am Ende damit abgefunden, daß Ehepartner nicht unbedingt die besten Gesprächspartner sind.

Regeln für den Umgang mit Enttäuschungen über mißlungene Gespräche

1. Seien Sie sich darüber im klaren, daß Sie einige Ihrer Kommunikationsbedürfnisse besser woanders befriedigen als bei Ihrem Partner. Ruth tut es ausgesprochen gut, ihr Ringen um Selbstachtung und ihre Probleme mit den Leuten in ihrer Fahrgemeinschaft mit ihrer besten Freundin Kathy zu bekakeln.

2. Erwarten Sie nicht von Ihrem Partner, daß er Ihre sämtlichen Konversationsbedürfnisse befriedigt. Hören Sie auf, davon zu träumen, daß er sich schon irgendwie ändern wird. Ruth bezieht ihr emotionales Gleichgewicht aus der Einsicht, daß sie nicht den idealen Gesprächspartner geheiratet hat. Sie konzentriert sich vielmehr auf die befriedigenderen Bereiche ihrer Beziehung: ihr gemeinsames Interesse an Hockey und alten Filmen.

3. Machen Sie sich klar, welche Faktoren die Qualität Ihrer Gespräche beeinflussen. In der zuvor erwähnten Studie waren die Teilnehmer aufgefordert worden, Gespräche nach folgenden Merkmalen zu bewerten:

entspannt ———————————————— gespannt
unpersönlich ———————————————— persönlich
aufmerksam ———————————— schlechter Zuhörer
förmlich ———————————————— zwanglos
tiefschürfend ———————————————— oberflächlich
leicht ———————————————— schwierig
zurückhaltend ———————————————— offen

viel Verständnis ―――――――――――――― viel Unstimmigkeit
keine Verständigungs-schwierigkeiten ―――――――――――――― große Verständigungs-schwierigkeiten
konfliktfrei ―――――――――――――― konfliktbeladen
interessant ―――――――――――――― langweilig

Zur Bewertung Ihrer Gespräche setzen Sie an entsprechender Stelle ein »x« auf die Linie zwischen den Gegensatzpaaren. Nach etwa einer Woche haben Sie ein zuverlässiges Maß für die Qualität Ihrer Kommunikation mit Ihrem Partner.

4. Geben Sie nicht auf. Wenn Sie wollen, daß Ihre Beziehung bestehen bleibt, sind mittelmäßige Gespräche besser als gar keine. Sobald Sie die Muster Ihrer Gesprächsführung erkannt haben, überlegen Sie sich Taktiken zur Steigerung ihrer Qualität. Zwar wären Ruth tiefschürfende Gespräche lieber gewesen, aber sie wußte, was sie ihrem eher oberflächlich veranlagten Chris zumuten konnte. Und so schuf der Austausch über profane Alltagsangelegenheiten wie zum Beispiel die defekte Geschirrspülmaschine den für eine Partnerschaft notwendigen Gesprächskontakt.

Mein Partner hört mir nicht zu

1987 fragte Shere Hite viertausend Amerikanerinnen: »Was stört Sie an Ihrem Partner am meisten?« Eine überwältigende Mehrheit von 77 Prozent antwortete: »Daß er mir nicht zuhört.« Geschlechtsbedingte Unterschiede bei der Einstimmung auf den Partner sorgen für reichlichen Konfliktstoff in diesem entscheidenden Punkt der Kommunikation.

Laura erinnert sich an die ersten Jahre, als Claude ihr jedes Wort von den Lippen ablas. Acht Jahre später fragt sie sich, ob ihren Mann eine tückische Gehörkrankheit befallen hat. Claude kann sich nicht auf mehr als zehn Worte von ihr konzentrieren, bevor er zu einer Zeitung oder Fernsehzeitschrift greift. Beim Umblättern gibt er ein nichtssagendes »o ja« oder »wie nett« von sich. Wenn sie ihm vorhält, er höre nicht zu, behauptet er, jedes Wort verstanden zu haben, und beweist es, indem er wörtlich wiederholt, was sie gesagt hat.

Claude seinerseits bezeichnet die Mahlzeiten mit Laura als strapaziös. Nach acht Stunden Buchhaltung sehnt er sich nach Entspannung, sie aber verlangt seine ungeteilte Aufmerksamkeit. »Und«, fügt er hinzu, »sie fragt mich dauernd nach meiner Meinung zu ihrer Arbeit oder zu den Kindern. Dann tut sie so, als würde sie mir zustimmen, aber sie richtet sich in keiner Weise danach.«

Claude und Laura lassen es wie Millionen anderer Paare an einer der wichtigsten Aufmerksamkeiten fehlen, die man einem Menschen, an dem einen liegt, geben kann: an konzentriertem Zuhören.

Männer: Wie Sie sie verrückt machen, indem Sie ihr zuhören

1. *Sehen Sie ihr in die Augen.*

2. *Bauen Sie keine Hindernisse zwischen sich auf* (wie Zeitung, Videorecorder, Illustrierte, Radio).

3. *Geben Sie Laute von sich, die sie anregen.* Versuchen Sie es mit einem stimulierenden Mmhmm, Aha und Wirklich?, wenn sie innehält. Das signalisiert ihr, daß Sie mehr hören wollen. Die meisten Männer halten sich zurück und

wirken desinteressiert; Frauen wünschen sich aber jede Menge Anreiz, während sie reden.

4. *Setzen Sie Ihren ganzen Körper ein.* Beugen Sie sich vor, nicken Sie, bedienen Sie sich einer lebhaften Mimik – nur nicht aufhören. Seien Sie ganz darauf bedacht, ihr eine Freude zu machen.

5. *Gehen Sie auf ihren Rhythmus ein.* Schalten Sie nicht unverzüglich auf Ihre eigenen Bedürfnisse um. Um sie für sich einzunehmen, erklären Sie sich mit irgend etwas einverstanden, das sie gerade gesagt hat. Atmen Sie tief durch – Sie haben die Sache in der Hand.

6. *Halten Sie durch.* Wenn Sie bis hierhin alles gewissenhaft befolgt haben, können Sie sicher sein, daß Sie sie ganz und gar für sich eingenommen haben. Versuchen Sie, Ihr eigenes Thema zur Sprache zu bringen, und Sie werden sehen, wie beflissen sie jetzt auf Sie eingeht.

Frauen: Wie Sie ihn verrückt machen, indem Sie ihm zuhören (Sie sind wahrscheinlich schon sehr gut, aber Sie können es noch besser!)

1. *Seien Sie lebendig.* Geben Sie ungehemmt Ihren Senf dazu, wenn er Ihnen etwas erzählt. Trauen Sie sich, ihn zu unterbrechen. Lassen Sie nicht zu, daß er sich in einem Monolog erschöpft.

2. *Führen Sie ihn nicht hinters Licht.* Hören Sie auf, so zu tun, als legten Sie Wert auf seinen Rat oder seine Meinung, ohne sich danach zu richten. Männer nehmen Ihr Nicken und Ihre lebhafte Anteilnahme ernst. Wenn Sie merken, daß Sie nicken und Aha sagen, obwohl Sie ihm nicht zustimmen, seien Sie fair, und teilen Sie ihm Ihre Einwände mit.

3. *Bleiben Sie gelassen.* Frauen geben ihr Zuhören durch viele Signale zu verstehen: durch intensiven Augenkontakt, hochgezogene Augenbrauen, Lächeln, ein Bombardement mit Fragen, als würden sie ein Reportagemagazin moderieren. Er könnte sich von all dem überrollt fühlen. Dämpfen Sie Ihr Entgegenkommen, und er wird sich nach einem Austausch mit Ihnen sehnen.

Ihre wichtigsten Geschlechtsorgane sind Ihre Ohren. Benutzen Sie sie scharfsinnig.

Sie beschwert sich, daß ich nicht gerne rede – und es stimmt

Frauen stehen in dem Ruf, das redseligere Geschlecht zu sein. Untersuchungen haben jedoch ergeben, daß Gesprächigkeit nicht geschlechts-, sondern situationsbedingt ist. Bei gesellschaftlichen Anlässen oder bei der Arbeit zum Beispiel reden Männer in gemischtgeschlechtlichen Gruppen öfter und länger, wenn sie das Wort haben. Zu Hause jedoch können Mann und Frau ganz verschiedene Vorstellungen von der Bedeutung des Redens haben. Frauen liegt daran, sich mitzuteilen, und sie sind der Meinung, daß eine intime Beziehung Gespräche erfordert. Männern, denen gewöhnlich mehr an Entspannung liegt, finden dagegen, daß schweigsame Zweisamkeit Intimität ausdrückt. Infolgedessen widerstrebt es Männern, die sich gedrängt fühlen, »gegen ihren Willen« zu reden, sich dieser Anstrengung zu unterziehen. Zuweilen sieht es so aus, daß er, je mehr sie redet, desto weniger reagiert. Wenn sie sich in Monologen ergeht und er gelegentlich ein Grunzen hören läßt, ist es an der Zeit, daß in einer Partnerschaft über Kommunikation kommuniziert wird.

Wenn Ihre Mindestanforderungen an den täglichen Austausch voneinander abweichen

1. *Seien Sie ehrlich.* Wenn Ihnen nicht nach Reden zumute ist, können Sie das deutlich und taktvoll zum Ausdruck bringen. Das ist besser als Bedeutsamkeit mimende Laute von sich zu geben, während Sie sich in Wirklichkeit auf den Sportteil der Zeitung konzentrieren. (Merkt euch, Männer: Frauen wissen genau, wann ihr auf einem anderen Stern weilt, da könnt ihr es ebensogut zugeben.) Sagen Sie ohne vorwurfsvollen Ton, wie Ihnen zumute ist.

»Ich hab gerade keine Lust zum Reden.«

»Ich kann mich momentan nicht auf das konzentrieren, was du sagst.«

»Ich brauche ein bißchen Ruhe.«

2. *Zeigen Sie sich entgegenkommend.* Geben Sie ihr eine Chance. Wenn Ihnen an Ihrer Beziehung liegt, finden Sie einen Kompromiß, um sich regelmäßig auszutauschen. Bestimmen Sie eine Zeit, begrenzen Sie sie, oder treffen Sie eine Verabredung zum Gespräch.

»Sprechen wir lieber nach den Nachrichten darüber.«

»Können wir morgen beim Frühstück fünfzehn Minuten erübrigen, um zu besprechen, wie wir unser Geld von diesem Installateur zurückkriegen?«

»Können wir nicht am Mittwoch nach dem Abendessen über unsere Urlaubspläne reden. Bis dahin ist mein Zuschußantrag fertig.«

3. *Lassen Sie sich überraschen!* Die Abneigung gegen Gespräche könnte eine Methode sein, allzu große Nähe zu vermeiden oder einfach eine schlechte Angewohnheit, die Sie von Ihrem Vater abgeschaut haben. Sie werden es nicht für möglich halten, aber mit der Zeit werden Sie öfter gemeinsame Gespräche genießen.

Nico und Trudy kamen überein, sich zur Schlafenszeit auszusprechen; dies war ihre einzige Gelegenheit für ein ausgiebiges Zusammensein. Anfangs wäre Nico jedesmal am liebsten eingeschlafen, wenn Trudy anfing, ihm Kleinigkeiten von ihrem Tageslauf zu erzählen. Aber nicht lange, und Nico war derjenige, der seinen Arbeitsfrust heraussprudelte und zugleich versuchte, seine Bettgenossin wachzuhalten.

Ich habe immer größeres Interesse an Gesprächen als er

Willkommen im Club der Einbahnunterhaltung. Zwar überschlagen sich manche Männer förmlich, um ein Gespräch mit ihrer Partnerin in Gang zu bringen, doch in den meisten Fällen stehen aufgebrachte Frauen am Ende mit schweigsamen Gefährten da. Nicht, daß Frauen die Männer langweilen – man beobachte nur einmal, wie ein Mann bei dem lange ersehnten ersten Rendezvous wie gebannt jede Silbe von ihr aufsaugt. Vielmehr brauchen Frauen ein tägliches Quantum an vertraulichem Austausch, während die Männer es schätzen, einfach nur beisammen zu sitzen und gemeinsam etwas zu tun, und seien es so profane Tätigkeiten wie still miteinander zu essen.

Für Männer ist der verbale Austausch nur eine – und nicht unbedingt die wichtigste – Seite des gesamten Beziehungsspektrums. Das frustriert Frauen, die Vertrautheit nach der Anzahl der pro Abend ausgetauschten Wörter bemessen. Wenn es nach Ehefrauen und Freundinnen ginge, würde das Maß an Zeit, die Paare mit Gesprächen verbringen, garantiert von dem mageren Wochendurchschnitt von neunzehn – jawohl, neunzehn – Minuten in die Höhe schnellen.

Zur Entschärfung von Gesprächsfrust

1. *Lassen Sie sich nicht aus der Fassung bringen.* In einer gefestigten, intakten Beziehung bedeutet Abneigung gegen Gespräche nicht Zurückweisung. Sehen Sie ein, daß Gespräche für Sie eine Form der Vereinigung bedeuten, während sie für ihn möglicherweise bloß Worte sind.

2. *Hören Sie auf, beim verbalen Austausch die Initiative zu ergreifen.* Ändern Sie Ihre Redegewohnheiten und beobachten Sie, was passiert. Wenn beim Tischgespräch gewöhnlich Sie die treibende Kraft sind, bemühen Sie sich um Zurückhaltung. Die Chance steht fünfzig zu fünfzig, daß Schweigen die Stimmbänder Ihres wortkargen Partners anregt.

Maura hat ihren Ehemann Karl offensichtlich mit der Frage genervt: »Na, wie ist dein Tag gelaufen?«, die sie ihm pünktlich auf die Minute jeden Abend stellte, während sie sich vor dem Essen entspannten. Nachdem Maura sich drei Tage an ihren Vorsatz gehalten hatte, keine Unterhaltung zu erzwingen, tat Karl etwas Erstaunliches. Er sagte: »Interessiert es dich nicht, wie mein Tag gelaufen ist?« Maura gelang es, ihre Neugierde zu zügeln und gelassen zu erwidern: »Ach ja, wie war's?« Er redete zehnmal mehr als das übliche »ganz gut« oder »nicht besonders«.

3. *Bringen Sie Ihr Gesprächsbedürfnis zur Sprache.* Wenn Sie beide in der geeigneten Stimmung sind, seien Sie direkt, ohne vorwurfsvollen Ton. Geben Sie Ihrem Partner zu verstehen, was Ihnen wichtig ist.

»Ich weiß, du brauchst viel Ruhe. Ich dagegen muß mich jeden Tag aussprechen, um mich dir nahe zu fühlen.«

4. *Sobald Sie sich über Ihre jeweiligen Bedürfnisse verständigt haben, treffen Sie sich in der Mitte.* Bestimmen Sie zum Beispiel eine regelmäßige Gesprächszeit. Nichts Förmliches, einigen Sie sich einfach darauf, sich fünf, zehn Minuten vor dem Abendessen oder vor dem Schlafengehen über alles auszutauschen. So werden Sie wissen, daß Gesprächszeit angesagt ist, und er wird wissen, daß sie begrenzt ist. Nicht gerade der Himmel für Gesprächsbedürftige, aber ein guter Kompromiß für Paare.

5. *»Seitensprünge« sind erlaubt.* Wenn Sie neben Ihrem Partner noch andere Menschen zum Plaudern haben, mindert das den Druck, der auf Ihnen beiden lastet.

Das zum Beispiel hat Maura gelernt: Wenn sie nach Hause kam und darauf brannte, sich über ihren Chef zu beklagen, und Karl in ein Videospiel vertieft sah, rief sie lieber ihre Freundin Katrin an.

6. *Wenn alles andere schiefgeht, sprechen Sie mit sich selbst.* Selbst das kann Ihre Spannung enorm erleichtern.

Sie beklagt sich, daß ich nicht gerne über Gefühle spreche

Die weibliche Vorliebe für Gespräche über Beziehungen, Leute und Gefühle steht in krassem Gegensatz zu der männlichen Vorliebe für weniger persönliche Themen wie Geschäfte, Politik und Sport. Obwohl viele Frauen heute in Männerdomänen eingedrungen sind, haben sich ihre bevorzugten Gesprächsthemen seit Beginn des Jahrhunderts kaum geändert.

In den 20er Jahren hat ein Forscher auf einem interessanten Terrain – dem Broadway – Passanten belauscht. Er stellte fest, daß die Hälfte der Männergespräche sich um Geld und Geschäfte drehte, während nur drei Prozent der Frauengespräche dies zum Thema hatte. Und während es bei fast der Hälfte der Frauengespräche um Männer ging, sprachen nur acht Prozent der Männer über Frauen. Im Jahre 1989 belauschte eine Forscherin Gespräche unter Bankangestellten während der Mittagspause. Sie stellte fest, daß von Frau zu Frau am häufigsten über Beziehungen und am zweithäufigsten über Geschäfte gesprochen wurde. Unter Männern herrschten Gespräche übers Geschäft vor, und über Leute redeten sie nie.

Auch wenn Männer dazu neigen, das Reden über Gefühle für eine Fremdsprache wie Französisch zu halten, so wird ihr allmähliches, zaghaftes Bemühen, diese Fremdsprache zu erlernen, die Kluft zwischen den Geschlechtern verringern helfen. Die Männer werden vermutlich erfahren, was die Frauen schon seit Jahrhunderten wissen: daß nämlich über Gefühle zu reden wohltut und Freundschaft und Vertrautheit vertieft.

Keine Sorge, Männer, ihr werdet euch nicht in Waschlappen verwandeln. Nach Gefühl ist wieder Fußball angesagt.

Taktiken für Gespräche über Gefühle

1. *Seien Sie darauf gefaßt, daß Sie sich verhaspeln.* Beim Betreten von Neuland kann man sich ungeschickt anstellen. Lassen Sie sich nicht davon abschrecken.

2. *Behalten Sie das Ziel im Auge.* Sie reden nicht über Gefühle, um Eindruck zu schinden, etwas zu beweisen oder jemanden zu überzeugen. Ziel dieses Spiels ist Aufrichtigkeit. Sie erhalten sogar Punkte für das Eingeständnis von Verletzlichkeit; Frauen sehen darin ein Zeichen von Vertrauen.

3. *Immer eins nach dem anderen.* Gehen Sie in kleinen Schritten vor. Sie müssen sich nicht gleich am Anfang darüber ausheulen, was für ein traumatisches Erlebnis Ihre Sauberkeitserziehung für Sie war. Sprechen Sie über alltägliches, etwa Ihre Sorge über die Bedienung der neuen Telefonanlage im Büro.

4. *Eignen Sie sich das entsprechende Vokabular an.* Ihre Partnerin ist Ihnen vermutlich an Praxis mit der Gefühlsterminologie um Jahre voraus. Steigen Sie mit einem Grundvokabular in das Spiel ein. Bringen Sie sich in Form, indem Sie täglich ein, zwei Ausdrücke aus der folgenden Liste verwenden.

Die zwanzig wichtigsten Gefühlswörter
»Ich fühle mich oder ich bin …«

ängstlich
bedrängt
besorgt
durchgedreht
erschöpft
glücklich
kummervoll
peinlich berührt

nervös
traurig
überfordert
unbehaglich
unsicher
verärgert
verlegen
verwirrt
verwundert
wütend
zuversichtlich
zwiespältig

5. *Sie können aus dem Spiel aussteigen.* Über Gefühle reden schließt das Recht ein, Gefühle nicht auszudrücken. Sagen Sie es einfach.

»Ich bringe es noch nicht fertig, über meine Scheidung zu sprechen.«

»Das Thema Steuern macht mich immer noch wütend. Sprechen wir besser nicht darüber.«

Er setzt meine Gefühle herab

Wir alle haben das Verlangen, uns beim Gespräch verstanden und akzeptiert zu fühlen. Untersuchungen auf dem Beratungssektor haben ergeben: Je persönlicher die Situation oder die geäußerte Empfindung ist, desto stärker ist unser Verlangen, ein eindeutiges »ich weiß, was du meinst« zur Antwort zu bekommen.

Wenn jemand, dem wir intime Dinge anvertrauen, das, was

wir sagen, herabsetzt, bagatellisiert oder anzweifelt, fühlen wir uns befremdet, frustriert oder gar angefeindet. Da in Partnerschaften eher Frauen als Männer Verständnis signalisieren können und Männer Emotionen seltener mit Worten ausdrücken als Frauen, können wir uns denken, daß mehr Frauen als Männer das Gefühl haben, daß ihr Partner es »einfach nicht kapiert«. Ein Mann fühlt sich häufig herabgesetzt, wenn seine Gefährtin seine Weltsicht oder die Absicht, die hinter seinem Verhalten steht, nicht würdigt, oder ihn nicht so akzeptiert, wie er ist.

Es ist wichtig zu erkennen, daß manche Menschen kaum in der Lage sind, ihre eigenen Gefühle wahr- und anzunehmen, geschweige denn also Ihre. Wenn er Sie mit einem überheblichen »werd' doch endlich erwachsen« verletzt, wird er Ihnen kaum eine Quelle des Trostes sein können, wenn Sie Zuspruch brauchen.

Klaus, ein Elektronikfreak, konnte beim leisesten Summen seiner Tonanlage genau erkennen, welcher Draht nachgezogen werden mußte. Auf seine Verlobte Franzi war er nicht so gut eingestimmt. Sie war verärgert über Klaus' Predigten, sie solle ihre unglückliche Kindheit endlich vergessen und »einfach leben«. Indem sie eine bittere Erinnerung mitteilte, hatte Franzi das Gefühl, nicht in der Vergangenheit zu leben, sondern diese nur klarer zu sehen. Franzi wünschte, es gäbe einen Weg, um Klaus begreiflich zu machen, wie sehr sie das Bedürfnis hatte, einfach nur angehört und bestärkt zu werden.

Möglichkeiten, für den Fall, daß Sie emotional verletzt werden

1. *Seien Sie Ihr eigener Ratgeber.* Wenn Ihr Partner zu abwertenden Reaktionen neigt, leisten Sie dem keinen Vorschub.

Halten Sie Ihre Gefühle von ihm fern, und besprechen Sie sie mit respektvolleren Zuhörern. (Hoffen wir, daß ihr Gefährte starke Seiten hat, die Sie für sein Verhalten entschädigen.)

2. *Stellen Sie einen Forderungskatalog auf.* Teilen Sie Ihre Bedürfnisse ohne Umschweife mit. Höchstwahrscheinlich geschieht sein Fehlverhalten nicht aus Bosheit, sondern aus einer gänzlich anderen Perspektive heraus. Beispiele, wie Sie Ihre Bedürfnisse mitteilen können:

»Ich habe das Recht zu fühlen, wie ich fühle.«

»Ich kann es nicht ertragen, wenn du mir sagst, meine Gefühle sind falsch oder dumm.«

»Dies ist mein Leben, und ich kann weinen, wann ich will.«

»Du kannst mich mal, Klaus, so empfinde ich nun mal!«

3. *Stellen Sie ihn auf die Probe.* Geben Sie ihm die Chance, seine Reaktionen zu ändern. Versuchen Sie es mit diesem Dreistufenprogramm:

Machen Sie ihn aufmerksam: Beschreiben Sie den Unterschied der Art und Weise, wie Sie beide mit Gefühlen umgehen. »Mir macht Weinen nichts aus, aber dir. Meine Gefühle sind mir wichtig, und es verletzt mich, wenn du mich aufziehst, weil ich welche habe.«

Achten Sie auf Zeichen des Fortschritts, und belohnen Sie ihn dafür: »Ich bin dir dankbar, weil du nicht versucht hast, mir meine Wut auszureden.«

Fordern Sie ihn nicht heraus. Umgehen Sie diese Gefahr, indem Sie Ihre Gedanken ohne die Reizwörter ausdrücken, die ihn provozieren könnten. Zum Beispiel:

Sagen Sie nicht: »Es kotzt mich an, wie dieses Weib mit dir geflirtet hat.«

Worauf er erwidern würde: »Hab dich nicht so.«

Versuchen Sie es mit: »Mir ist aufgefallen, daß die Frau sich ganz schön an dich rangemacht hat.«

Sagen Sie nicht: »Ich bin total nervös wegen meines Vortrags vor dem Komitee morgen.«

Worauf er sagen würde: »Wieso? Du hast das doch schon tausendmal gemacht.«

Sagen Sie lieber: »Mein Vortrag vor dem Komitee morgen ist wirklich wichtig. Ich muß meine Sache gut machen.«

Vorschlag für einen Verfassungszusatz über die Freiheit des Gefühls

Unter der Voraussetzung, daß der Mensch ein mit Gefühlen begabtes Wesen ist, daß seine Gefühle anderen oder der Gesellschaft nicht schaden und daß Gefühle nur vom Fühlenden verändert oder kontrolliert werden können, verfügen wir, daß jede Partei in einer Beziehung berechtigt ist, Gefühle ohne unangemessene Einmischung oder Ablehnung frei zu äußern.

Sie verwandelt das normalste Gespräch in einen Streit

Jerry sah sich außerstande, mit Liz ein entspanntes Gespräch zu führen. Ein so banales Thema wie Bananen war Zunder für ihr kleinkariertes Gezänk. Er nannte folgendes Beispiel für ihren alles andere als fruchtbaren Austausch.

Die Sache mit den Bananen: Die Erste

Jerry: Diese Bananen sind fast geschenkt, das Pfund nur dreißig Cents.

Liz: Wahrscheinlich sind sie faul.

Jerry: Ich finde, sie sehen gut aus.

Liz: Ach, ich wußte gar nicht, daß du ein Bananenexperte bist.

Jerry konnte nicht verstehen, warum Liz alles daran setzte, Streit vom Zaun zu brechen, wo sie doch beide in ihrem Beruf als Investmentbank-Angestellte schon genug Reibereien hatten. Er meinte, in einer Partnerschaft sollte man um Übereinstimmung bemüht sein oder sich zumindest um wichtigere Dinge streiten als um Bananen. Jerry, der gewöhnlich der Friedensstifter war, gingen Liz' ständige »verbale Prügel«, wie er sich ausdrückte, allmählich auf den Wecker.

Liz' ständige abschätzige Bemerkungen waren aber nicht so sehr Zeichen, daß sie zu keiner Verständigung gelangen wollte, sie spiegelten vielmehr ihren Kommunikationsstil wieder.

Das Gesprächsmuster von Jerry und Liz tritt in den meisten Fällen umgekehrt auf: Der Mann verhält sich eher abweisend, die Frau eher entgegenkommend. Erstaunlicherweise wollen Leute, die leicht aufbrausen, damit zum Ausdruck bringen, daß sie ihren Partner gern haben und sein Bestes wollen.

Liz sagte, sie habe nicht gewollt, daß Jerry sich durch einen niedrigen Preis täuschen ließ, schließlich seien beim Bananenkauf noch andere Merkmale zu berücksichtigen.

Es gibt Menschen, die sich wie Duellanten durch Rivalität belebt fühlen und enttäuscht sind, wenn die andere Seite nicht auf ihre Herausforderung eingeht. Wie so viele Harmoniebedürftige lebt auch Jerry durch gegenseitige Streicheleinheiten auf und findet Liz' Stil aufreibend. Jerry mag Liz im falschen Licht gesehen haben, aber lernen mußte er trotzdem …

Wie man mit einem Löwen lebt

1. *Zähmen Sie ihn mit Bedacht.* Ihr Gegenüber merkt vielleicht nicht, wie sein Verhalten »rüberkommt« beziehungsweise auf Sie wirkt. Männern, für die zum Beispiel verbales Boxen eine Form der Bindung darstellt, fällt es schwer zu verstehen, daß sie mit einem Kuß viel mehr erreichen würden. Benennen Sie klar, was Ihnen gegen den Strich geht und wie man die Dinge vielleicht weniger kämpferisch anpacken könnte. Wenn er sich vielleicht auch nicht ändert, haben Sie ihm wenigstens die Unterschiede zwischen Ihnen zu erkennen gegeben.

»Immer wenn ich schwarz sage, sagst du weiß. Ich habe bloß gesagt, die Bananen sehen gut aus, und du mußtest mir einen Deckel verpassen. Hättest du nicht einfach den Mund halten können, statt so ein Theater zu machen wegen ein paar Bananen?«

2. *Brüllen Sie zurück.* Auch wenn Sie der Meinung sind, Vertrautheit erreicht man durch Harmonie, nicht durch Geplänkel. Nicht unbedingt! Versuchen Sie, kräftig zurückzubrüllen. Aber nicht übertreiben. Denken Sie an Catherine Hepburn und Spencer Tracy, nicht an Elizabeth Taylor und Richard Burton.

Die Sache mit den Bananen: Die Zweite

Jerry: Diese Bananen sind fast geschenkt, das Pfund nur dreißig Cents.

Liz: Wahrscheinlich sind sie faul.

Jerry: Jetzt mach aber mal ’nen Punkt, du hast ja gar nicht hingesehen.

Liz: Ach, seit wann bist du ein Bananenexperte?

Jerry: Tschuldigung, ich wußte nicht, daß du eine Professur als Obstprüferin hast.

Er/sie will, daß ich ihm/ihr alles anvertraue

Arthur sagte mir, daß Rachel, mit der er seit zehn Jahren zusammenlebt, meinte, sie dürften keine Geheimnisse voreinander haben. »Wenn es nach ihr ginge, wären wir ein einziger riesiger Topf«, erklärte er. »Ich möchte aber manchmal mein eigenes Süppchen kochen.« Für Rachel und einige andere Ehehälften bedeutet die Bereitschaft, sich alles zu erzählen, Vertrauen. Für andere vertragen sich grenzenlose Vertraulichkeiten nicht mit ihrem Begriff von Privatsphäre. Viele Mädchenfreundschaften werden dadurch gefestigt, daß man sich gegenseitig jedes Geheimnis anvertraut. Je größer das Geheimnis, desto inniger die Bindung. Als Erwachsene ist es folglich für viele Frauen ganz selbstverständlich, keine Geheimnisse vor dem Partner zu haben. Werden zwei Menschen mit so konträren Auffassungen ein Paar, geraten sie in punkto Vertraulichkeiten aneinander. Je mehr Intimität gefordert wird, desto mehr fühlt *er* sich bedrängt, und je weniger Offenheit geboten wird, desto weniger fühlt *sie* sich gefesselt.

Wie man Vertrauenskonflikte in den Griff bekommt

1. *Seien Sie diskret in Ihren Privatangelegenheiten.* Bedenken Sie, daß das Anvertrauen von Geheimnissen für Ihren Partner/Ihre Partnerin Solidarität bedeutet, nicht Kapitulation. Machen Sie kein großes Aufhebens um die Dinge, die Sie für sich behalten. Zum Beispiel:

Sagen Sie nicht: »Du wirst nie etwas über meine Unsicherheit erfahren.«

Versuchen Sie es mit: »Du kannst viel besser über dich sprechen als ich über mich.«

Sagen Sie nicht: »Ich werde dir nichts über die Schwierigkeiten bei der Beförderung in unserer Kanzlei erzählen.«

Versuchen Sie es mit: »Ich weiß nicht genau, wie das bei uns im Büro mit Beförderungen gehandhabt wird. Das ändert sich immer alles so schnell.«

2. *Versuchen Sie es doch einmal mit Offenheit.* Sie haben immer das Recht, nichts von sich preiszugeben. Denken Sie trotzdem darüber nach, was Sie gewinnen können, wenn Sie die Barrieren Ihrer Privatsphäre durchbrechen. Versuchen Sie, das Für und Wider dieser Privatsphäre abzuwägen.

Gute Gründe, verschlossen zu bleiben
- Sie trauen ihm nicht zu, daß er das Anvertraute für sich behält.
- Sie fürchten ihre emotionale Reaktion.
- Sie schützen die Privatsphäre von jemand anderem.
- Sie brauchen Zeit, um über das Anvertraute nachzudenken.

Gute Gründe, mehr von sich preiszugeben
- Sie würden sich besser fühlen, wenn Sie es ihm erzählen.
- Sie könnten von ihrem Zuspruch profitieren.
- Sie können sich nicht vorstellen, daß Verschlossenheit Ihnen auch nur einen einzigen Vorteil bringt.

Über die internen Querelen in seinem Büro wollte Arthur Rachel zwar im dunkeln lassen, er fand jedoch, wenn er darüber sprach, daß seine Eltern sich mit siebzig scheiden ließen, so würde dieses traurige Thema ihn weniger bedrücken. Zu seiner Überraschung antwortete Rachel, sie verstünde jetzt besser, weshalb er so vor dem Heiraten zurückscheue. »Hmmm«, dachte er, »ich frage mich, ob *das* der Grund ist.«

3. *Ziehen Sie deutliche Grenzlinien.* Wenn Ihre geliebte andere Hälfte Ihre Grenzen bis zu dem Punkt überschreitet, wo das Hin und Her Sie beide gereizt macht, bringen Sie das

Thema direkt zur Sprache. Halten Sie die Stellung, ohne ihr das Gefühl zu geben, daß das Fundament zwischen Ihnen beiden wackelt.

Legen Sie Ihre unterschiedliche Meinung über das Recht auf Privatsphäre dar: »Du willst, daß wir uns alles sagen. Das liegt mir nicht. Ich möchte lieber ein paar Dinge aus meiner Vergangenheit für mich behalten.«

Sodann legen Sie dar, wie sie nach Ihrer Vorstellung auf Sie eingehen sollte: »Da ich nicht über meine früheren Beziehungen sprechen möchte, möchte ich auch nicht, daß du mich ausfragst.«

Ich möchte nicht, daß sie mit ihren Freundinnen über mich spricht

Jeanne schrieb ihr Überleben als Mutter von drei kleinen Kindern der Unterstützung durch ihre Müttergruppe zu, die sich einmal in der Woche traf. Carlos, ihr Mann, hatte nichts gegen ihr Engagement in der Gruppe einzuwenden – bis die Mütter anfingen, über Geld- und Sexprobleme zu sprechen. Als Carlos Jeanne erklärte, sie solle die Schwierigkeiten zu Hause lassen, fing Jeanne an zu weinen. »Ich drehe durch, wenn ich ihnen nicht erzählen kann, was wirklich alles los ist.«

Wie viele andere Männer auch wäre Carlos nie auf die Idee gekommen, in *seinem* Freundeskreis über Unstimmigkeiten zu sprechen, weshalb also in *ihrem*? Aus seiner Sicht bedeutete das Reden über ihn hinter seinem Rücken einen schweren Vertrauensbruch. Doch wie viele andere Frauen auch war Jeanne der Meinung, daß der Austausch über die intimen Einzelheiten des Lebens die Grundlage der Freundschaft ist. Carlos und Jeanne mußten einen Ausgleich finden zwischen seinem Recht auf Privatsphäre und ihrem Recht, sich ihren Freundinnen anzuvertrauen. Da beide ebenso grundsätzlich Recht wie Unrecht haben, könnte hier ein regelrechter Pakt helfen.

Partnerschaft über Privatsphäre

Für den zurückhaltenden Partner

- Ich erkläre mich bereit, meine Partnerin wissen zu lassen, was sie ihre Freundinnen nicht wissen lassen soll. Ich kann nicht erwarten, daß sie meine Gedanken liest. »Es wäre mir lieb, wenn du mit Dora nicht über mein Prostata-Problem sprechen würdest.«
- Ich weiß, daß meine Partnerin nicht von Bosheit, sondern von dem Wunsch nach Unterstützung, Rat etc. durch ihre Freundinnen geleitet wird. Auch wenn ich dieses Bedürfnis nicht teile, kann ich diesen Unterschied akzeptieren.
- Ich weiß, daß mein Name im Verlauf ihrer Gespräche mit Freundinnen zwangsläufig fallen wird. Da sie mich gern hat, verlasse ich mich darauf, daß sie sich bei gewissen Enthüllungen, die mir unangenehm wären, zurückhalten kann.
- Ich kann es ein bißchen lockerer nehmen. Berührt es etwa mein Leben, wenn Gloria erfährt, daß ich ein träger Liebhaber bin oder den Rasen vernachlässige?

Für die Enthüllerin

- Es liegt in meiner Verantwortung, bei allen Gesprächsthemen die Privatsphäre meines Partners zu schützen. Wenn er verlangt, daß ich ein bestimmtes Thema, das ihn betrifft, nicht mit anderen diskutiere, dann muß ich es bleiben lassen. Es genügt zu sagen: »Ich kann wirklich nicht über unsere finanzielle Situation sprechen«, oder: »Fred möchte nicht, daß ich seine Lernschwierigkeiten in aller Ausführlichkeit erörtere.«

- Ich habe das Recht, alles, was meine Person betrifft, mit guten Freundinnen zu besprechen.
- Ich will mich bemühen, mich in Gesprächen mit Freundinnen auf meine Bedürfnisse, Reaktionen und Themen zu konzentrieren, nicht auf seine.

Ihr Partner hat ein Recht auf seine Privatsphäre – beschneiden Sie es nicht.

Sie möchte alles in unserer Beziehung analysieren – mich stört das

Frank liebte die Spontaneität der ersten Tage seiner Bekanntschaft mit Astrid, doch je ernster ihre Gefühle wurden, desto ernster wurde Astrid. Frank fühlte sich seziert wie ein Frosch im Biologieunterricht, wenn Astrid sein Verhalten und seine Motive ständig hinterfragte. »Warum möchtest du, daß wir mit unseren Freunden ausgehen? Früher wolltest du das nie.« – »Wieso sind wir freitagabends nie zusammen?« – »Warum rufst du deine Mutter nicht öfter an?« Als Astrid ihn über seine Liebe zu ihr einem regelrechten Verhör unterzog – »Woher weißt du, daß du mich liebst? Wieso bist du so sicher, daß es wahre Liebe ist?« –, war Frank verletzt und frustriert. »Können wir unsere Beziehung nicht einfach genießen und aufhören, sie zu analysieren?« bat er.

Das Analysieren einer Beziehung mag einem Therapeutenpaar ja großen Spaß machen, aber viele Partner finden so ein Fragenbombardement einfach ärgerlich. Wie Astrid neigen Frauen wohl eher zum Sezieren, weil sie für ihr Leben gern über Beziehungen sprechen und darin einen Weg sehen, einen Partner besser kennenzulernen. Männer aber fragen sich häufig nach den Gründen, weshalb sich ihre Gefährtin wie eine Reporterin aufführt, und sie fühlen sich durch die ständige Fragerei in die Ecke gedrängt. Sie behaupten, daß die Befragungen suggestiv seien und daß sie lediglich darauf aus seien, Fehler zu finden und Änderungen vorzuschlagen.

Frank geriet in Rage, als Astrid ihn aufforderte, Taten und Gefühle zu rechtfertigen – er wollte von ihr so akzeptiert werden, wie er war. Sie sagte, forschen und ergründen sei nun mal ihre Art, nicht eine Methode, ihn fertigzumachen. Hier ein paar Anregungen für Frank und andere, denen es zu bunt wird.

Wenn Beziehungen bis zum Gehtnichtmehr analysiert werden

1. *Achten Sie auf die Art der Fragestellung.* Versuchen Sie zu unterscheiden zwischen einer Sondierung, die quasi mit einem Stachelstock vorangetrieben wird, und einer Frage, die aus Neugierde oder Besorgnis gestellt wird. Die Formulierung einer Stachelstock-Frage gibt Ihnen das Gefühl, daß Sie, egal wie Sie reagieren, in eine Falle tappen.

- Stachelstock: »Frank, wieso muß ich immer hinter allen zurückstehen, wenn du Pläne für freitagabends machst?«
- Vernünftige Fragen: »Wieso sind wir freitagabends nie zusammen?« – »Nimmt deine Mutter es dir nicht übel, wenn du sie an Feiertagen nicht anrufst?«

Wenn Sie finden, daß eine vernünftige Frage eine vernünftige Antwort verdient, lesen Sie weiter.

2. *Wenn Sie bei der Frage ein gutes Gefühl haben, reagieren Sie.* Sie haben mehrere Möglichkeiten.

- Lassen Sie alles raus. Wenn Sie finden, daß es sich lohnt, über die Sache zu diskutieren, dann legen Sie los. Eine gründlich fragende Partnerin hört oft auch aufmerksam zu. Für den Anfang empfiehlt es sich, die folgenden Einleitungssätze zu gebrauchen:
  »Vielleicht ist es, weil ...«
  »Ich habe nie darüber nachgedacht, aber ...«
  »Jetzt, wo du es sagst ...«
  »Seit meiner ...«
- Warte, bis ich auf der Couch sitze. – Geben Sie ihr zu verstehen, sie soll sich ihre Analyse für einen geeigneteren Zeitpunkt und Ort aufheben.
  »Ich muß mich auf den Verkehr konzentrieren. Können wir nicht in einer entspannteren Atmosphäre über meine Mutter sprechen?«
  »Astrid, ich dachte, wir wollten uns einen romantischen Abend machen. Können wir die Analyse unserer Beziehung nicht auf später verschieben?«
- Das ist nicht mein Problem. – Mit dieser Reaktion geben Sie zu erkennen, daß Sie ihre Neugierde verstehen, während Sie gleichzeitig andeuten, daß Sie lieber nicht über das Thema sprechen möchten.
  »Ich weiß, daß du dich für meine Familie interessierst, aber ich kann mich kaum an die Vergangenheit erinnern und möchte mich lieber nicht damit befassen.«
  »Ich sehe, daß du gerne über diese Dinge redest, aber ich für mein Teil weiß, was ich fühle, und das reicht mir.«

Ratschläge für die analysefreudige (Ehe-)Hälfte (nach dem Motto: tief schürfen, ohne tief zu stürzen)

1. *Nicht zuviel auf einmal.* Wenn Ihr Partner nicht auf Tiefschürfen aus ist, ist er mit mehr als einem »Warum?« pro Abend überfordert.

2. *Stellen Sie keine Denksportaufgaben.* Ihr Partner braucht Anerkennung von Ihnen, keine Amateur-Psychoanalyse. Verstecken Sie Ihre eigenen Komplexe nicht in Fragen nach seinem Seelenleben. Bevor Sie mit ihm seine Mutterbeziehung durchkauen, fragen Sie sich lieber: »Wem nützt es eigentlich, dies zu ergründen?« Außerdem: Wenn Sie eine Frage stellen, schimpfen Sie nicht, wenn Sie eine ehrliche Antwort bekommen. »Ich kann meine Mutter nicht ausstehen. Deswegen habe ich ihr keine Geburtstagskarte geschickt.«

3. *Meiden Sie die Frage »Warum«.* Das Wort »warum« löst bei vielen Menschen eine Abwehrhaltung aus. Formulieren Sie Fragen lieber mit sanfteren Einleitungen wie: »Wie kommt es …«, »Was hältst du von …«, »Wie fandest du …« oder »Welchen Eindruck hast du …?«

4. *Sagen Sie offen, worum es Ihnen geht.* Wenn Sie wirklich wollen, daß Ihr Partner auf ein analytisches Gespräch eingeht, erläutern Sie ihm in ansprechenden Worten, warum Sie es führen möchten. Stellen Sie den Nutzen dar, den es bringt, wenn er sich auf die Sache einläßt.

»Frank, ich möchte deine Mutter näher kennenlernen. Deswegen wüßte ich gerne, warum du meinst, daß schwer mit ihr auszukommen ist.«

Sie liebt es, Probleme totzureden

Robert wünscht, es würde mal ein Wochenende vergehen, ohne daß Myra endlos über ihre enttäuschten künstlerischen Ambitionen redet. Sie schlägt seine Ratschläge in den Wind und erwartet trotzdem, daß er ihr mit nie erlahmender Aufmerksamkeit zuhört. Myra sagt, es hilft ihr, ausführlich über alles zu sprechen. Aber bei diesen ewigen Diskussionen über Kunst muß er unwillkürlich an Vincent van Gogh denken: Er möchte sich wenigstens ein Ohr abschneiden.

Die Art, wie an persönliche Probleme herangegangen wird, spiegelt die Unterschiede zwischen den Geschlechtern wider. Frauen sprechen oft über ihre Probleme, um sich verbunden zu fühlen und um gemeinsam mit dem einfühlsamen Zuhörer zu einem besseren Verständnis dieser Fragen zu gelangen. Männer bringen ein Problem oft am liebsten nur dann zur Sprache, wenn sie daran interessiert sind, es anzupacken und zu lösen. Männern ist unbegreiflich, was Frauen daran finden, in Problemen zu schwelgen, während Frauen nicht ergründen können, warum ein Mann, der sie zu lieben behauptet, so ungeduldig wird bei Dingen, die sie am meisten bekümmern.

Wenn Sie das nächste Mal drauf und dran sind loszuschreien, weil Sie längst die perfekte Lösung genannt haben, kurieren Sie Ihre Kopfschmerzen lieber mit **A-S-P-I-R-I-N**.

Aufputschmittel, wenn man endloser Klagen müde ist

Akzeptieren Sie, daß das Mitteilen von Problemen ihr Mittel ist, eine enge Beziehung aufzubauen, und daß es ihr wirklich guttut, sich einfach auszusprechen. Zuhören bietet ihr tatsächlich mehr Trost als eine ausgeklügelte Lösung.

Systematisieren Sie den Problemdialog, indem Sie sagen, wie lange und ob Sie überhaupt diskutieren wollen.

»Können wir nicht beim Essen über die Arbeit reden?«

»Wie wär's, wenn wir uns jetzt einfach entspannen und uns übers Wochenende in deine Fresko-Phantasien vertiefen?«

Probieren Sie, ob Sie ihr durch interessierte Fragen zu Einsichten verhelfen können.

»Und welches Arbeitsklima *ist* mehr nach deinem Geschmack?«

»Wieso sind Fresken interessanter als Ölbilder auf Leinwand?«

Identifizieren Sie Ihre Reaktionen, und seien Sie dabei ehrlich, aber taktvoll – bevor sie merkt, daß eine Mauer womöglich aufnahmebereiter ist als Sie.

»Es fällt mir schwer, dir zuzuhören, wenn du endlos über deine schlummernden künstlerischen Fähigkeiten redest.«

»Ich finde, es ist Zeit, daß du anfängst, Kurse zu nehmen.«

Raten Sie ihr, mit jemand anderem über das Thema zu reden. Andere Zuhörer haben vielleicht mehr Ausdauer als Sie.

»Monika ist die Richtige, um über Vorstellungsgespräche zu reden.«

Interessieren Sie sie für eine Lösung, sofern Sie es können, ohne sie bevormundend zu behandeln.

»Möchtest du hören, wie ich mir einen Aufstieg in deiner Abteilung vorstelle?«

»Wie wär's, wenn du dir im Keller ein Atelier einrichten würdest?«

Nennen Sie Ihr unterschiedliches Umgehen mit Problemen beim Namen. Auf diese Weise werden Sie verstehen, warum es für Sie beide schwierig ist, zu tun, was der jeweils andere möchte.

»Du redest mit deinen Freundinnen über alles, was dich

bekümmert. Ich persönlich habe kein gutes Gefühl dabei, wenn so offen über alle Unstimmigkeiten gesprochen wird.«

»Wir sind nun mal verschieden. Ich würde mich für den Kurs anmelden, auch wenn ich nicht sicher wäre, daß ich der Beste bin. Mir scheint, du brauchst viel länger, um eine Entscheidung zu treffen.«

Ich kann gegenüber meiner Partnerin keine Wut ausdrücken

Da eine Partnerschaft zwangsläufig Konflikte mit sich bringt, ist es unerläßlich, diese in einem Meinungsaustausch zu regeln – aber immer mit der Ruhe! Johnny und Greta, zwei Fotografen und Menschen von der stillen Sorte, verbrachten ihre Freizeit großenteils zu Hause, Johnny mit Lesen und Greta in der Dunkelkammer. Johnny schlug Greta mehrmals vor, das Haus oder wenigstens die Dunkelkammer zu verlassen, aber Greta ging auf seine Vorschläge, am Wochenende spazierenzugehen oder wegzufahren, nicht ein. Obwohl Wut für Johnny ein fremdes Gefühl war, wurde er allmählich sauer, nachdem Greta ihm seine Bitten, aus dem Haus zu gehen, einen Monat lang abgeschlagen hatte. Was seine Bedürfnisse anbelangte, blieb Greta im wahrsten Sinne des Wortes »im dunkeln«. Trotzdem war er besorgt, ob seine Wut auszudrücken nicht das Behagen zerstören würde, das ihre gegenseitige Gesellschaft ihnen verschaffte.

Bevor er lernte, seine Wut konstruktiv zu äußern, mußte Johnny einiges Grundsätzliche über seine schlummernde Gefühlsregung begreifen.

- Von Zeit zu Zeit Wut zu empfinden ist in allen engen zwischenmenschlichen Beziehungen normal.
- Das Ausdrücken von Wut an sich wird einem Paar nicht weh tun. Das wütende Ausdrücken von Wut aber kann verletzend sein.
- Es steht Ihnen frei zu entscheiden, wann und wie Sie mit Wut umgehen.
- Ihre Partnerin wird Ihre Haltung nicht unbedingt verstehen und ihr Verhalten ändern, aber sie wird erst recht nichts ändern, wenn Sie überhaupt nichts sagen.
- Wut auszudrücken ist produktiv, sofern eine Möglichkeit besteht, das Problem zu lösen, und sofern Sie mit der dafür nötigen Selbstbeherrschung planen können, wie Sie Ihre Themen aufs Tapet bringen. Sind diese Voraussetzungen erfüllt, können Sie sich daran machen, ein Szenarium zu entwerfen.

Wie es sich bei aller Wut allzeit in Freuden leben läßt

1. *Stecken Sie den Rahmen ab.* Sagen Sie Ihrer Partnerin, Sie wollen mit ihr reden, und umreißen Sie kurz, weswegen. Berücksichtigen Sie Zeit und Ort. Eine Mißhelligkeit läßt sich besser zur Sprache bringen, wenn Sie und Ihre teure andere Hälfte entspannt und in ruhiger Verfassung sind. Auf diese Weise erreichen Sie eher ihre Bereitschaft, Ihnen zuzuhören.

»Greta, ich möchte mit dir über etwas reden, das mir wichtig ist.«

»Rob, wenn du eine Minute Zeit hast, möchte ich etwas mit dir besprechen, das unsere finanzielle Lage aufbessern wird.«

»Karen, mich ärgert da etwas, und ich möchte, daß wir darüber reden.«

2. Beginnen Sie mit »Ich ...«. Statt zu erörtern, was Ihre Partnerin falsch macht, leiten Sie Ihre Feststellungen besser mit »Ich bin ...« ein.

Ich bin verärgert
besorgt
ängstlich
verletzt*
vernachlässigt
traurig
enttäuscht
wütend
frustriert
irritiert
erbost
erzürnt

* Anmerkung: Da verletzt sein oft von Wut begleitet ist, dürften Sie eine bessere Reaktion erzielen, wenn Sie das gemäßigtere Wort »enttäuscht« verwenden.

Anstatt: »Was ist das für ein Leben – unsere gemeinsame Existenz ist das Letzte!« sagte Johnny: »Ich bin enttäuscht, daß wir nie zusammen aus dem Haus gegangen sind. Laß uns was dagegen tun.«

3. *Legen Sie Ihre Geschichte dar.* Beschreiben Sie, statt anzuklagen. Schildern Sie, wie die Situation sich auf Sie, Ihr Zusammenleben, die Kinder, die Familie auswirkt.

»Wenn wir nicht aus dem Haus gehen, werde ich total unruhig. Ich denke auch, daß es für uns wichtig ist, unsere Wochenenden ein bißchen anders zu gestalten.«

4. *Verblüffen Sie Ihre Partnerin.* Hören Sie auf zu reden, und hören Sie sich an, was Ihre Partnerin zu sagen hat. Wenn Sie Feindseligkeiten vermieden haben, wird eine einsichtige Partnerin vielleicht einen Lösungsvorschlag vorbringen. Wundern Sie sich jedoch nicht, wenn Ihre Partnerin sich ab-

weisend, wütend oder abwehrend verhält. Immerhin haben Sie, ihr Liebster, soeben geäußert, daß etwas nicht in Ordnung ist. Aber wenn Sie ruhig bleiben, haben Sie eine bessere Chance, den nächsten Schritt zu tun. (Zu Möglichkeiten, was sie beruhigen hilft, lesen Sie am besten das nächste Kapitel über die Entschärfung von Wutausbrüchen.)

Greta entgegnete ziemlich aufgebracht, das Wochenende sei die einzige Zeit, wo sie Vergrößerungen machen könne. Johnny zeigte Verständnis für ihr Anliegen und trug sein eigenes noch einmal vor.

»Ich weiß, das Wochenende ist für dich die einzige Gelegenheit, um Vergrößerungen zu machen. Es ist aber auch die einzige Gelegenheit für uns, um zusammen ein bißchen aus dem Haus zu gehen.«

5. *Machen Sie einen Lösungsvorschlag.* Bringen Sie zur Sprache, daß Sie sich eine Veränderung im Verhalten oder in der Einstellung Ihrer Partnerin wünschen. Bedenken Sie dabei, daß ihre Einstellung sich nicht infolge einer einzigen Diskussion ändern wird.

»Ich möchte gern, daß wir uns vornehmen, an einem Wochenende im November in ein Gasthaus in einem Weingebiet zu gehen. Was hältst du davon?«

6. *Beenden Sie die Diskussion.* So weit, so gut – Sie wurden wenigstens angehört und haben höchstens ein paar Lösungsvorschläge angebracht – zollen Sie Ihrer Partnerin Anerkennung.

»Ich bin froh, daß wir uns hierüber ausgesprochen haben, Greta.«

»Jetzt bin ich nicht mehr so wütend. Danke.«

Ich wollte, ich könnte die Wutausbrüche meines Partners entschärfen

Wenn die Wut Ihres Partners sich gegen etwas Bestimmtes richtet, das Sie getan haben (»Wie konntest du unsere Verabredung mit Dunns vergessen?«), dann sind Sie nicht so sehr aufgefordert, das Thema zu entschärfen, als vielmehr, es zu besprechen. (Wie man auf vorwurfsvolles Schimpfen reagiert, ohne daß es in einen bewaffneten Kampf ausartet, vgl. ›Ich kann Kritik von meinem Partner nicht gut vertragen‹, S. 84.)

Aber in Wut auszubrechen statt sie auszudrücken kann eine Beziehung schädigen und sogar bedrohen. Wenn die Vernunft auf der Strecke bleibt, bleibt Ihnen als einzige Zuflucht der Versuch, dem emotionalen Sturm zu trotzen. (Wenn Sie fürchten, die Wut Ihres Partners buchstäblich nicht zu überleben, benötigen Sie Hilfe, die über Kommunikationsstrategien hinausgeht. Hier liegt eine psychische Schädigung vor.) Wenn Emotionen, nicht Vernunft, das Feld beherrschen, gilt es vor allem anderen, zu deeskalieren, zu entschärfen, und eine schlimme Situation nicht noch schlimmer zu machen.

Charlie und Joan nahmen endlich ein Projekt in Angriff, über das sie schon seit Jahren gesprochen hatten: ein Mitteilungsblatt für Eltern in ihrer Nachbarschaft. Infolge der positiven Reaktion der Gemeinde fühlte Joan sich gedrängt, die Qualität des Blattes mit jeder Ausgabe zu steigern. Von ihrem eigenen Perfektionsdrang erschöpft, giftete Joan Charlie jedesmal vor Redaktionsschluß an, daß er ihr etwas aufgebürdet habe, dem sie nicht gewachsen sei. Charlie wollte wissen, wie er sich am besten verhalten sollte, wenn seine Frau die Beherrschung verlor. Ich riet ihm, stellen Sie es nicht ab, sondern stellen Sie sich **I-R-R**.

I-R-R-sinnsstrategien zur Wutdämpfung

Immunisieren Sie Ihre Reaktion auf die Wut des anderen. Wie gereizt Sie auch sind, Sie dürfen nicht …

- zurückbrüllen, ihn beschimpfen, alle alten Verfehlungen aufs Tapet bringen. Ärger vervielfältigt sich, wenn aus einem Irren zwei Irre werden.
- ihr sagen, sie solle sich beruhigen, wenn Sie merken, daß Sie damit alles nur noch schlimmer machen.
- Zorn als Anzeichen sehen, daß Ihre Beziehung auseinanderbricht. Bedauerlicherweise gestatten sich manche Mensche Wutausbrüche nur bei Leuten, denen sie vertrauen.

Die uralte Taktik, bis zehn zu zählen, hilft manchen, sich im Griff zu behalten. Wenn Sie drauf und dran sind, den Wutausbruch ebenso explosiv zu erwidern, können Sie auch versuchen, in Gedanken Selbstgespräche zu führen wie:

»Sie steht diesen Monat unter starkem Druck.«

»Es ist mal wieder soweit. Er dreht jedesmal durch, wenn er sein Scheckheft nicht finden kann.«

»Einer von uns muß sich wie ein vernünftiger Mensch benehmen.«

»Mir platzt jeden Moment der Kragen, aber wenn ich nicht rumbrülle oder Türen knalle, beruhigt sie sich schneller.«

Recht geben und **R**elativieren. Zeigen Sie Ihrem Partner/Ihrer Partnerin, daß sie Verständnis für den Wutausbruch haben, und stellen Sie sodann fest, daß damit die Situation nicht besser wird. Hier sind zwei Beispiele:

Recht geben: »Ich verstehe, daß du verärgert bist, weil Fred sich den Wagen geliehen hat.«

Jetzt relativieren: »Aber ich glaube nicht, daß Brüllen ihn rechtzeitig zurückbringt.«

Recht geben: »Ich weiß, du bist wütend, weil ich dir gesagt habe, ich mag nicht zu Tante Martha.«

Jetzt relativieren: »Aber es macht die Lage nur noch angespannter, wenn du mir vorwirfst, ich sei egoistisch.«

Rückstellen. Wenn der Wutausbruch durch ein Thema ausgelöst wurde, das diskutiert werden muß, stellen Sie es bis zu einem geeigneteren, ruhigeren Zeitpunkt zurück. Statt zu versuchen, mit einem rasenden Rowdy Argumente auszutauschen, sagen Sie etwas wie:

»Ich will gerne hierüber reden, wenn du ruhiger bist.«

»Ich bin so erledigt von deiner Brüllerei, daß ich deine Fragen nicht beantworten kann.«

»Die Steuererklärung ist mir auch wichtig. Aber wir müssen in besserer Stimmung sein, um sie in Angriff zu nehmen.«

Ihre Selbstachtung und Ihre Beziehung werden gefestigter sein, wenn jeweils nur einer von Ihnen aufbraust. Wenn sie durchdreht, ist es an Ihnen, beizudrehen.

Im Wortschatz meines Partners gibt es kein »Es tut mir leid«

Tom und Sara waren in Sachen Entschuldigung mal wieder an einem toten Punkt angelangt. Tom wollte nicht sagen, daß es ihm leid tat, an Saras Fähigkeit, das juristische Examen zu meistern, gezweifelt zu haben. Tom behauptete vielmehr, da er nur auf ihre Frage, wie sie wohl abschneiden würde, geantwortet habe, gebe es nichts, wofür er sich entschuldigen müsse. Sara aber glaubte eine Entschuldigung zu verdienen, weil Tom ihre Gefühle verletzt habe, und sie nahm es ihm sehr übel, daß er so ein Getue deswegen machte. Je mehr Sara Tom bedrängte, Reue zu zeigen, desto mehr weigerte sich Tom nachzugeben.

Für statusbewußte Gesprächspartner (also für viele Männer) ist nachgeben gleich unterliegen. Wenngleich ein schlichtes »es tut mir leid« eine einfache Möglichkeit böte, die Dinge zu bereinigen, bedeutet chronisch Uneinsichtigen die Wahrung ihres Stolzes mehr als die Heilung einer verletzten Partnerin: Der Preis des Friedens – zugeben, daß sie im Unrecht sind – erscheint ihnen zu hoch.

Mancher Mann quittiert kopfschüttelnd die Neigung seiner Frau, sich für die kleinste Kleinigkeit zu entschuldigen. Mit ihrer Bereitschaft, »Verzeihung« zu sagen, wenn sie nieste, wenn sie vergaß, die Bettwäsche zu wechseln, oder wenn sie unerwarteten Gästen kein fünfgängiges Menü servieren konnte, untergrub Sara nach Toms Meinung ihre Stärke. Sara wird immer Mühe haben, Tom zu einer Entschuldigung zu bewegen, aber wenn sie es richtig anstellt, wird es ihr vielleicht gelingen, die magischen Worte zu hören.

Wie man mit jemandem zusammenlebt, der das Love Story-Motto vertritt

1. *Ergründen Sie Ihren eigenen Standpunkt.* Wenn Sie einen Partner haben, der sich an den Spruch hält, »Liebe heißt, niemals ›es tut mir leid‹ sagen zu müssen«, dann haben Sie ein großes Verständigungsproblem. Überlegen Sie, ob Sie selbst eine Regel haben, die ebenso extrem und starr ist. Wenn Sie den Standpunkt vertreten, Liebe bedeutet, daß man sich *immer* für die geringste Kleinigkeit entschuldigen muß, dann haben Sie nicht die Spur einer Chance, jemanden wie Tom zu Ihrer Ansicht zu bekehren.

2. *Kleckern, nicht klotzen.* Wenn Sie auf einer sofortigen Entschuldigung bestehen, bringen Sie Ihre Partnerin in eine Zwickmühle und verringern Ihre Möglichkeiten, verstanden zu werden. Außerdem ist eine bei vorgehaltener Pistole vorgebrachte Entschuldigung gewöhnlich nicht befriedigend – »sie meint es ja gar nicht ernst.« Tragen Sie Ihre Forderung nach Zerknirschung in sanfter Form vor.

Sagen Sie nicht: »Ich verlange auf der Stelle eine Entschuldigung.«

Versuchen Sie es mit: »Du hast meine Gefühle verletzt, und es ginge mir erheblich besser, wenn du dich entschuldigen würdest.«

Sagen Sie nicht: »Du solltest lieber sagen, daß es dir leid tut.«

Versuchen Sie es mit: »Wir wollen uns wieder vertragen, ja?«

3. *Achten Sie auf andere »Entschuldigungssignale«.* Wenn Ihrem Partner die magischen Worte nicht leicht über die Lippen kommen, halten Sie nach anderen Zeichen Ausschau, die auf Reue hindeuten. Achten Sie auf eine Berührung, eine Umarmung, einen Beweis der Zuneigung, das unvermutete Erscheinen Ihrer Lieblingspralinen oder darauf, daß der entschuldigungsunfähige Partner das leidige Thema in versöhnlichem Ton zur Sprache bringt.

Wenige Tage nach dem Streit sagte Tom zu Sara, daß sie im Vertragsrecht vermutlich hervorragend abschneiden würde, ein sicheres Zeichen, daß er zerknirscht war.

Sie verträgt es nicht, wenn ich ihr einen Rat gebe

Bei Nanni und Billy zu Hause sind Dialoge wie folgender an der Tagesordnung:

Nanni: Wenn ich doch bloß etwas fände, das mich ausfüllt, vielleicht eine unbezahlte Beschäftigung oder einfach eine lohnende Tätigkeit.

Billy: Ruf doch mal im College Club an – ich hab gehört, sie brauchen eine Hilfe. Und die Geschenkboutique im Krankenhaus sucht vielleicht freiwillige Mitarbeiter.

Nanni: Vergiß es, du hast ja nicht die leiseste Ahnung, was mich interessiert.

Billy: Herrgott! Warum fängst du überhaupt davon an, wenn du meine Meinung nicht hören willst?

Billy meint es gut, und seine Vorschläge mögen einleuchtend klingen, aber Nanni ärgert sich über die Art, wie er sie vorbringt. Indem Sie einen Rat erteilen, ernennen Sie sich zur Autorität, und wenn niemand Sie um Rat gefragt hat, hält man Sie für einen Besserwisser. Wichtiger noch: Nanni sucht bei ihrem Partner emotionale Streicheleinheiten, keine Lösungen. Sie möchte, daß Billy ihr Problem einfach versteht und akzeptiert. Das paßt Billy und vielen Männern nicht, die eifriges Zureden für Zeitverschwendung halten. Er möchte, daß sie die Sache selbst in die Hand nimmt, sie dagegen wünscht sich Zuspruch.

Wenn Sie bei sich zu Hause des öfteren Billys Rolle spielen und sich Nannis Reaktion einhandeln, müssen Sie die Rolle des Ratgebers ablegen. Hier sind ein paar Vorschläge, wie Sie Ihrer Partnerin nicht weh tun.

Vom Löser zum Tröster

1. *Verlassen Sie sich darauf, daß sie, wenn sie Ihren Rat wünscht, Sie darum bitten wird.* Sie ist bestimmt in der Lage zu sagen: »Ich möchte deine Meinung hören« oder: »Kannst du mir hierzu einen Rat geben?«

2. *Wenn Sie merken, daß Ihren Lippen ein Rat entschlüpfen will,* ersetzen Sie ihn durch eine Antwort, die ihr hilfreicher erscheinen wird. Hier ein paar Möglichkeiten:

- auf andere Weise bestätigen, was sie gesagt hat oder empfindet: »Klingt, als fühltest du dich nicht ausgelastet.«
- auf eine ähnliche Situation verweisen: »So war mir zumute, als wir damals hierher gezogen sind.«
- aufmerksam zuhören: Hören Sie sie bis zu Ende an, nicken Sie und zeigen Sie Interesse.
- auf eine Antwort hinlenken: Führen Sie sie auf eine Lösung zu, aber die Antwort soll von *ihr* kommen, nicht von Ihnen. »Welche Art von freiwilliger Tätigkeit schwebt dir denn vor?«
- aufmuntern: »Das ist großartig. Es gibt bestimmt eine Menge Stellen, wo dein Können gefragt ist.«

Warnung: Wenn Sie seit einer Ewigkeit den Problemlöser gespielt haben, könnte Ihr Bemühen, eine neue Rolle zu lernen, von Entzugserscheinungen begleitet sein: Furcht, nervöser Unruhe, Zungenkrämpfen. Atmen Sie tief durch. Die Sucht, Ratschläge zu erteilen, sitzt ausschließlich in Ihrem Kopf.

Sie verlangt dauernd nach Bestätigung meiner Zuneigung – wie nervtötend

Eine Partnerin, die Ihre Art, Zuneigung zu zeigen, nicht versteht oder schätzt, mag ihre Unsicherheit dadurch ausdrücken, daß sie um wörtliche Bestätigung bittet. Zu hören, daß Sie sie noch lieben, ist für sie die Versicherung, daß alles beim Alten bleibt. Für sie ist die Bitte um ein bißchen Liebesgeflüster etwas Selbstverständliches. Aber viele Partner finden das ständige Verlangen nach Koseworten aufreibend, irritierend, sogar unbegreiflich. Besonders Männer macht meist das Bedürfnis ihrer Partnerin, sie sollen ihrer Zuneigung mit Worten Ausdruck verleihen, fix und fertig.

Oliver schilderte seinen Frust mit Kim wie folgt: »Aus heiterem Himmel, wenn gar nichts vorgefallen ist, fragt sie: ›Liebst du mich noch?‹ Ich ärgere mich dann über den Zwang, mich dauernd zu erklären, und meistens sage ich etwas, das sie aufregt, wie zum Beispiel: ›Klar doch, sicher.‹ Dann ärgere ich mich über ihre Unsicherheit, und sie ärgert sich wiederum über meine Unsensibilität. Und das schlimmste ist, daß alles in Ordnung war, bis sie die Dinge in Frage stellte.«

Wie dem »bedürftigen« Menschen in Ihrem Leben zu helfen ist

1. *Setzen Sie voraus, daß sie Ihre Art und Weise, Ihre Zuneigung zu zeigen, nicht versteht.* Auch wenn es frustrierend ist, dies jemandem, der Sie vermutlich gut kennt, jedesmal Wort für Wort zu sagen, versuchen Sie es.

»Wenn ich ein gemeinsames Wochenende ohne die Kinder

vorschlage oder wenn ich deine Mutter vom Flughafen abhole, zeige ich, wieviel du mir bedeutest.«

»Wenn wir zum Beispiel sonntags zusammen bis mittags im Bett bleiben, zeige ich dir damit, was ich für dich empfinde.«

2. *Reagieren Sie nicht auf ihre Bitten, als hätte man von Ihnen verlangt, von einer Brücke zu springen.* Auch wenn Ihre instinktive Reaktion ist, sie abzuwehren, müssen Sie verstehen, daß Sie damit ihr Bedürfnis und infolgedessen die Spannung in Ihrer Beziehung steigern. Statt sie abzuweisen, klären Sie sie über die Wirkung auf, die sie mit ihrem Druck auf Sie ausübt.

»Ich werde richtig ärgerlich, wenn du mich danach fragst, wie sehr ich dich liebe.«

»Ich möchte spontan über meine Gefühle sprechen und nicht dazu gedrängt werden.«

»Ich liebe dich, und es macht mich wahnsinnig, daß du es immer noch nicht gemerkt hast.«

3. *Geben Sie mehr – alles, was Sie emotional aufbringen können.* Auch wenn es eigentlich nicht in Ihrer Verantwortung liegt, es vielleicht sogar unmöglich ist, Ihrer Partnerin im Hinblick auf Ihre Beziehung ein sicheres Gefühl zu geben, so können Sie doch ein paar Veränderungen vornehmen, um ihren Bedürfnissen entgegenzukommen. Finden Sie heraus, oder fragen Sie, was sie Ihrer Liebe sicherer machen könnte. Vielleicht bilden Sie sich ja auch ein, sie wünsche eine vollkommene Veränderung Ihrer Persönlichkeit, wo doch einige leichte Verhaltensänderungen die Situation verbessern würden.

Kim erklärte Oliver, sie würde sich zärtlicher geliebt fühlen, wenn er ab und zu »Ich liebe dich« sagen, ihr gelegentlich ein Kompliment über ihre Leistung bei der Arbeit machen oder wenn er beim Essen mehr reden würde. Nachdem er die Vorschläge Nr. 2 und 3 befolgt hatte, stellte er fest, daß Kim auf die Erfüllung von Nr. 1 gar nicht mehr so scharf war.

Ich sage ja, er sagt nein – das zermürbt mich

Paula nannte ihren Lebensgefährten »Negativ-Nick«, weil er allem immer einen Dämpfer aufsetzte. Einmal kam sie ganz begeistert von der Arbeit nach Hause, weil ihre Firma zur besseren Kommunikation mit auswärtigen Kunden Videotelefone angeschafft hatte. Nick sagte darauf, die Telefone seien »bloß eine Modeerscheinung«, und er prophezeite Paula, ihre Begeisterung würde innerhalb einer Woche verpuffen. Bedrückt fragte sich Paula, wie sie Nick begreiflich machen könne, daß sein Pessimismus ihren Optimismus beeinträchtigte.

Wenn Ihr Partner permanent pessimistisch ist, nehmen Sie es nicht persönlich. Ihr Partner drückt damit seine Weltanschauung aus, und das muß nichts mit Ihnen zu tun haben. Männer wie Nick sehen das Leben durch eine dunkle Brille, sie sind sozusagen programmiert, Menschen und Situationen in dem »Dschungel da draußen« zu mißtrauen. In einer Beziehung mit jemanden, der eine rosarote Brille trägt, kehrt ein Partner womöglich seinen Negativismus hervor als eine Methode, Unschuldige vor einer Überdosis Naivität zu bewahren. Wenn Sie einen Neinsager im Haus haben, können Sie Ihre beschwingte Einstellung möglicherweise zu einer guten Anwendung bringen. Hier ein paar Tips.

Positiv reagieren auf Herrn oder Frau Negativ

1. *Nehmen Sie seine negative Natur nicht so ernst.* Gewöhnlich hat der Verneiner keine feindseligen Absichten. Tatsächlich hat Nicks Mutter Paula geraten, seinen Zynismus als Kompliment aufzufassen, da Nick nur auf Bemerkungen von Leuten, an denen ihm lag, negativ reagierte.

2. *Widerstehen Sie dem Drang, mit gleicher Münze heimzuzahlen.* Stillhalten, während er drauflos ballert, mag zwar nicht Ihrer Vorstellung von einer romantischen Beziehung entsprechen, aber Sie müssen sich weder ducken noch das Feuer erwidern. Paula zum Beispiel konnte an ihrer Ansicht über den Nutzen von Bildtelefonen festhalten, ohne Nick wegen seiner Sichtweise herunterzuputzen.

3. *Schalten Sie die Atmosphäre mit Humor um.* Paula hat gelernt, ihren Widerspruchsdrang (und damit die Erzeugung einer Spannung, die sie nicht wollte) zu unterdrücken, indem sie Nick aufzog.

»Vielen Dank für Ihre Unterstützung, Herr Negativ.«

»Es freut mich, daß wir uns wieder einig sind.«

»Schätze, wir werden uns kaum ein Bildtelefon zu Weihnachten schenken.«

4. *Krempeln Sie den Runtermacher einfach um.* Wenn seine negative Einstellung Ihr Wohlbefinden beeinträchtigt, können folgende Strategien vielleicht seine entgegenkommendere Seite zum Vorschein bringen.

- Verzichten Sie auf ein Verhalten à la Mary Poppins. Nichts ruft bei solchen Typen so sehr säuerliche Kommentare hervor wie süßlicher Enthusiasmus. Egal, wie beschwingt Sie sich fühlen, dämpfen Sie jegliche Begeisterung, wenn Sie ihn mit Neuigkeiten überschütten.
- Seien Sie zuerst negativ und verkehren Sie, was Sie wirklich denken, ins Gegenteil. Da sie Nicks übliche Reaktion

kennt, könnte Paula verkünden: »Wir lassen im Büro diese neuen Bildtelefone installieren. Wir geben vermutlich zwanzigtausend Mäuse dafür aus, bloß um sie in drei Monaten in den Schrank zu packen.« Worauf Nick natürlich entgegnen würde: »Wieso? Diese Telefone sind der allerneueste Hit. Wir sollten uns ehrlich überlegen, uns eins anzuschaffen.« Zack! Schon hätte sie Herrn Negativ dort, wo sie ihn haben wollte.

- Fordern Sie seine Opposition heraus. Sie können sich vielleicht besser durchsetzen, wenn Sie eine Aufforderung zum Widerspruch loslassen. Um die Bildtelefone zur Sprache zu bringen, könnte Paula sagen:
  »Du denkst vielleicht, das ist keine gute Idee …«
  »Ich weiß, wie du neue Techniken haßt …«
  »Viele Leute meinen, daß die Investition sich gar nicht lohnt …«

Er redet viel in Gesellschaft, und zu Hause schweigt er sich aus

Anne hätte Victor erwürgen können. Ein Jahr lang hatte sie versucht, mit ihm über die Renovierung der Küche zu sprechen, und jedesmal antwortete er bloß: »Ein andermal.« Daher konnte sie es nicht fassen, als Victor auf einer Party bei Nachbarn total auftaute und die Vor- und Nachteile von Heimwerken beziehungsweise Auftragsarbeit, Holz beziehungsweise Kunststoff gegeneinander abwog sowie seinen Plan erläuterte, den Stauraum in ihrer Küche zu verdoppeln. Auf dem Nachhauseweg blaffte sie ihn an: »Kriegen wir wirklich eine neue Küche, oder hast du bloß vor den Nachbarn angegeben?«

Der Hang, sich in Gesellschaft aufgeschlossener zu zeigen als zu Hause, ist mehr Männern eigen als Frauen. Einer Untersuchung zufolge erzählen Männer nicht gerne Witze, wenn sie nicht wenigstens zwei Zuhörer haben. Dagegen bevorzugen Frauen, wenn sie Witze erzählen, einen, höchstens zwei Zuhörer. Das erklärt sich daraus, daß Männer und Frauen unter Kommunikation etwas Verschiedenes verstehen.

Sowohl im privaten wie im öffentlichen Bereich dient Frauen Kommunikation dazu, Beziehungen zu knüpfen und zu festigen. Daheim, bei ihrem wichtigsten Gegenüber, ist ihr Wunsch, Gespräche zu führen, dementsprechend groß. Männer verhalten sich dagegen oft unterschiedlich, je nachdem, ob ein Gespräch unter vier Augen oder in Gesellschaft stattfindet. Manche Männer suchen auf einer Party das Rampenlicht, weil sie im Erzählen von Witzen oder Geschichten oder im Mitteilen von Fachkenntnissen eine Chance erblicken, Aufmerksamkeit und Anerkennung zu gewinnen.

Zu Hause jedoch, wo sie mit der Anerkennung ihrer Gefährtin zufrieden und ihrer Aufmerksamkeit sicher sind, kommt vielen Männern der Wunsch, Gespräche zu führen, abhanden. Aus ihrer Sicht ist es ein Kompliment, keine Beleidigung, wenn sie sich derart geborgen fühlen, daß sie sich nicht produzieren müssen. Wie Victor zu Anne sagte: »Wenn ich im Büro den ganzen Tag um Grundstücksinvestoren herumscharwenzeln muß, bin ich froh, wenn ich nach Hause komme und mich entspannen kann, ohne viel zu reden.«

So zähmen Sie Ihren Partylöwen:

1. *Bedenken Sie, daß Sie verschieden veranlagt sind.* Er redet, um Aufmerksamkeit zu erlangen. Sie reden, um Vertrautheit zu erzeugen und zu bezeugen.

2. *Beachten Sie Ihr unterschiedliches Partyverhalten.* Solange er Sie nicht gedemütigt oder herabgesetzt hat, kritisieren Sie ihn nicht. So wenig, wie Sie nicht möchten, daß er sich über Sie lustig macht, weil Sie keine Partynudel sind, so wenig können Sie ihm seine natürlichen Neigungen vorhalten.

3. *Machen Sie sich seine Gesprächigkeit zunutze.* Ziehen Sie Nutzen aus seiner in Gesellschaft offenbarten Tüchtigkeit, indem Sie ihn auffordern, sie auch zu Hause öfter zu zeigen. Anne hätte besser daran getan, zu sagen:

»Du verstehst ja wirklich eine Menge von Küchen. Es würde mich freuen, wenn du mir das zu Hause zugute kommen ließest.«

4. *Bringen Sie ihn in Stimmung.* Öffnen Sie seine Gesprächsschleusen, indem Sie eine Situation simulieren, die sich in Gesellschaft ergeben könnte. Versuchen Sie es mit folgenden Anreizen:

- Konkurrenz. »Jim Brown hat gesagt, daß Holzküchen länger halten.«
  »Mir ist aufgefallen, daß alle anderen Häuser in unserem Viertel modernisierte Küchen haben.«
- Aufmerksamkeit. Geben Sie ihm weniger davon, und sehen Sie zu, was passiert.
- Schmeichelei. Wenn Sie mit einem Partylöwen zusammenleben, könnten Sie ihn möglicherweise dazu verleiten, sich auch zu Hause zu produzieren.
  »Ich hab den größten Teil deiner Geschichte von dem Ehepaar verpaßt, das vierzigtausend für eine Küche ausgegeben

hat, die woanders nur fünfzehntausend gekostet hätte. Jerry hat gesagt, das war eine von deinen besten.«

Warum kann ich nicht so in Leuten »lesen« wie sie?

Jeff und Nina waren gerade mal dreißig Sekunden auf einer Weihnachtsfeier, als Nina Jeff ins Ohr flüsterte: »Ich glaube, Joan (eine Mitarbeiterin in Jeffs Büro) läßt sich scheiden.« Jeff dachte, Nina sei verrückt, aber eine Woche später eröffnete Joan ihm, daß sie sich von ihrem Mann getrennt habe. Als Jeff seine intuitive Frau fragte, woher sie das gewußt habe, sagte Nina: »Ganz einfach. Sie wirkte gelöst, hatte eine phantastische neue Frisur und spielte mit ihrem Trauring.«

Seit Jahrhunderten wird der zwischenmenschliche Scharfblick der Frauen als »weibliche Intuition« anerkannt. Jetzt haben Forscher die überragende Fähigkeit der Frauen aller Altersstufen bestätigt, Gesten, Haltung und Gesichtsausdrücke zu deuten. Da Männer in traditionell weiblichen Tätigkeiten wie Erziehen, Kinder- und Krankenpflege sich ebenfalls darin auszeichnen, in ihren Mitmenschen zu lesen, kommt es nicht von den Genen, sondern daher, daß man Freude daran hat, andere zu erfreuen, und darin geübt ist, sich in andere hineinzuversetzen.

Wenn ein Partner sich als weniger tüchtig im Entschlüsseln von Kommunikationssignalen erweist, könnte der Intuitivere von beiden fälschlicherweise annehmen, daß dem anderen nichts an ihm liegt. Der weniger intuitive Partner klagt dann gerne: »Verdammt, woher kann ich wissen, was sie fühlt?

Kann ich etwa Gedanken lesen?« Indem sie sich gegenseitig auf ihre Stärken und Schwächen einstellen, können intuitiv ungleiche Partner diese Kluft zwischen sich überbrücken.

Tips für intuitiv Ungleiche

1. *Intuition hat nichts mit Intelligenz zu tun.* Ihrem Verstand fehlt also nichts, mein Freund. Finden Sie sich am besten damit ab, daß es eben nicht zu Ihren Begabungen gehört, sich in andere Menschen hineinzuversetzen.

2. *Auch für Intuition gilt: Übung macht den Meister.* Fangen Sie an, auf Mimik, Haltung und Gesten der Leute in Ihrer Umgebung zu achten.

- Beobachten Sie die Leute aus der Ferne, und machen Sie sich ein Bild davon, in welcher Stimmung sie sein könnten.
- Stellen Sie den Ton ihres Fernsehers ab. Raten Sie, welche Gefühle die Schauspieler ausdrücken, dann drehen Sie laut und überprüfen, ob Sie Recht haben.
- Versuchen Sie zu erraten, wie Ihr Partner sich fühlt. Selbst wenn Sie weit daneben liegen, wird er die Mühe zu schätzen wissen.

  »Du wirkst heute etwas bedrückt.«
  »Ich wette, deine Besprechung heute ist gut gelaufen.«
  »Ist dir eine Laus über die Leber gelaufen?«

Anmerkung: Ausdrucksvolle Menschen sind leichter zu »lesen«, also üben Sie für den Anfang nicht mit undurchdringlichen Gesichtern.

Und für die intuitiv Begabten

1. *Lesen Sie nicht in jeder Geste und Miene Ihres Partners.* Diese übertriebene Wachsamkeit macht Sie zu einer Nervensäge erster Güte.

2. *Gehen Sie nicht davon aus, daß andere so gut in Ihnen zu lesen vermögen wie Sie in ihnen.* Viele Menschen, besonders Männer, brauchen einen klaren Aufschluß über Ihren Gefühlszustand.

3. *Vermeiden Sie es, Ihren Gefährten auf die Probe zu stellen, um herauszufinden, ob er sich in Sie hineinversetzen kann.* Es wäre nett, wenn er jede unausgesprochene Nuance spürte, aber spielen Sie nicht die Vernachlässigte, wenn er es nicht tut.

4. *Nutzen Sie Ihre Gabe klug* – um zu verstehen, nicht um zu tadeln.

Sagen Sie nicht: »Du langweilst dich schon wieder. Kannst du dir nicht ein Hobby zulegen?«

Versuchen Sie es mit: »Weißt du heute wieder nicht, was du mit dir anfangen sollst?«

Wie vermittle ich mein Bedürfnis, allein zu sein?

Zu einer gesunden Beziehung gehört, daß man Zeit sowohl gemeinsam als auch getrennt verbringt. Zwar haben in manchen Zweierbeziehungen die Partner durchaus ähnliche Zweisamkeitsbedürfnisse, doch für viele andere wird der Quotient aus gemeinsam und getrennt verbrachter Zeit zum Zankapfel.

Nach sechsmonatigem Zusammenleben waren Harry und Hanne nahe daran, wegen eines schweren Streits um Ein- beziehungsweise Zweisamkeit Schluß zu machen. Hanne freute sich darauf, die Abende entspannt mit Harry vor dem Videogerät zu verbringen. Wenn Harry mit einer Holzschnitzerei im Keller beschäftigt war, ging sie gerne hinunter und sah ihm zu. Harry verstand nicht, was für einen Reiz es haben sollte, einfach zusammen auf der Couch zu sitzen. Was Hannes Vorliebe betraf, ihm beim Schnitzen zuzusehen, so fand er, sie solle sich besser eine eigene Liebhaberei suchen. Harry fühlte sich durch Hannes zweisames Behaglichkeitsbedürfnis dermaßen eingeengt, daß er den schmerzlichen Entschluß faßte, in eine eigene Wohnung zu ziehen.

Nach drei einsamen Wochen erkannte Harry, daß er und Hanne zusammen gehörten – bloß eben nicht von früh bis spät. Er wußte, es würde mit ihnen besser klappen, wenn Hanne sein Bedürfnis nach ein wenig **P-L-A-T-Z** anerkannte.

Getrennt vereint

Präsentieren Sie Ihrer Partnerin Ihre Präferenzen. Sie wird Ihnen zuhören, sofern Sie nicht aggressiv werden. Suchen Sie sich für das Gespräch einen Zeitpunkt aus, wenn Sie beide einigermaßen entspannt sind. Sagen Sie, was Ihnen aufgefallen ist, und bringen Sie dann Ihr Bedürfnis zum Ausdruck.

»Immer wenn ich mittwochs kegeln gehe, kommt es mir vor, als ob dir das nicht paßt. Es ist wichtig für mich, daß ich wenigstens einmal die Woche zur Entspannung die Kugel schiebe.«

Leben und leben lassen. Sagen Sie Ihrer Partnerin deutlich, was Sie wollen.

»Ich möchte meine Holzschnitzarbeiten machen können, ohne mich zum Reden gezwungen zu fühlen.«

»Ich brauche dein Entgegenkommen, damit ich nicht die ganze Zeit beim Kegeln ein schlechtes Gewissen habe.«

Arbeiten Sie heraus, inwiefern Ihr Bedürfnis nach Zeit für sich und die Bedürfnisse Ihres Partners sich entgegenstehen.

Sie braucht einen Abend in der Woche, um mit ihren Freundinnen wegzugehen, und einen ruhigen Sonntagnachmittag zum Lesen. Ihr Mann dagegen möchte, daß sie jeden Abend und jedes Wochenende gemeinsam verbringen.

Terrain sondieren. Da auch sie Bedürfnisse hat, ist Verhandeln der nächste Schritt. Seien Sie nicht überrascht, wenn Sie schon beim Anschneiden dieses Themas starke Empfindungen auslösen. Wenn Ihre Partnerin das Gefühl hat, daß ihre Zweisamkeitsquote nicht erfüllt wurde, wird sie vielleicht erst einmal dichtmachen, egal, wie taktvoll Sie gewesen sind.

Erster Schritt: Lassen Sie sie Dampf ablassen.

Harry: »Was meinst du? Können wir diese Sache in Ordnung bringen?«

Hanne: »Ich hab's satt, immer hinter deiner Holzschnitzerei und deinem Dutzend anderen Hobbys zurückstehen zu müssen. Ich brauche einen Menschen, der für mich da ist.«

Zweiter Schritt: Ermutigen Sie sie zu sagen, was sie möchte und welches Maß an Zusammensein ihr vorschwebt. Hören Sie ihr zu. Bis jetzt haben Sie sich allein auf Ihre eigene Seite konzentriert.

Harry: »Hast du einen Vorschlag, was uns beiden gerecht werden würde?«

Hanne: »Ich möchte zumindest, daß wir uns einen Film ansehen oder nur beisammen sitzen, bevor wir ins Bett gehen.«

Zugeständnisse machen. Auch wenn keiner von Ihnen seine Einstellung oder Grundbedürfnisse ändern kann, können Sie sich um der Beziehung willen aneinander anpassen. Einigen Sie sich, daß Sie Ihrem Bedürfnis nach Trennung vereint nachkommen werden.

Harry: »O.k., ich will versuchen, bis zehn mit meinen Hobbys fertig zu sein, damit wir uns noch einen Film ansehen können oder so. Und könntest du inzwischen allein irgendwas tun, solange ich beschäftigt bin?«

Nach dieser Übereinkunft gewöhnte Hanne es sich ab, Harry bei seinen Holzschnitzarbeiten zuzusehen, und sie las nun mehr. Harry konnte sich auf seine Arbeit konzentrieren und sich anschließend auf ein entspanntes Zusammensein mit Hanne freuen.

Ich bin dafür, daß wir uns nach einem Streit aussprechen, sie ist dagegen

Sie hatten nicht oft Streit (und wenn, dann hauptsächlich über die Aufteilung der Unkosten), aber Lily fand, ihr Lebensgefährte Peter habe eine merkwürdige Art, die Sache zu bereinigen. Nachdem er türenknallend durchs Haus marschiert war, benahm er sich, als wäre nichts geschehen. Peters Gedächtnisverlust in punkto Streitlust ärgerte Lily. Sie wünschte sich eine Aussprache und wollte eine Möglichkeit finden, dem nächsten Krach ums Geld aus dem Weg zu gehen. Peter lehnte ihre Vorschläge ab und sagte, ihm wäre es lieber, »nicht alles wieder aufzuwärmen«.

Streit gibt es in jeder Beziehung, aber in vielen Partnerschaften gibt es Streit über die Nachbehandlung von Krächen. Die mehr zu Kompromissen und Verhandeln neigenden Frauen sind vielleicht stärker motiviert, Meinungsverschiedenheiten beizulegen. Den an Streitgespräche gewöhnten Männern liegt es vielleicht eher, einen Krach mit Karacho auszufechten und sich, nachdem sie sich wieder beruhigt haben, pudelwohl zu fühlen. Um Getümmel nach dem Getümmel zu vermeiden, sollten die Partner einen Friedensvertrag in Erwägung ziehen.

Frieden schließen mit der Art Ihres Partners, Frieden zu schließen

Da jede Partei im Hinblick auf die Formulierung besagten Friedensvertrages ihre eigenen Vorstellungen hat, sollten nach dem Streit folgende Resolutionen gefaßt werden:

Resolution Nr. 1: Halten Sie die Stellung. Beobachten Sie über mehrere Stunden nach dem Zusammenstoß die Feindbewegungen. Achten Sie auf Zeichen, die darauf hindeuten, daß die Schlacht zu Ende ist (Ihre Partnerin nimmt ihre normalen Tätigkeiten wieder auf, sie stellt ihr Schmollen oder Stürmen ein oder hißt eine weiße Fahne).

Resolution Nr. 2: Laden Sie den Feind zum Brotbrechen und zur Besprechung des Vorfalls ein – nachdem Sie sich von den Kampfverwundungen erholt haben. Gewöhnlich ist eine Wartezeit von 24 bis 48 Stunden vonnöten. Rechnen Sie mit Widerstand gegen Ihren Vorschlag, und bleiben Sie standhaft. Fangen Sie keinen neuen Streit an, indem Sie Vorhaltungen machen, statt einen Teil der Schuld auf sich zu nehmen.

Resolution Nr. 3: Setzen Sie auf Lösung, nicht auf Sieg. Erklären Sie gelassen, was Sie aus dem Vorfall gelernt haben, und erläutern Sie, inwiefern Sie zwei Streithammel verschiedener Ansicht über die Dinge sind. Fordern Sie sie auf, ihre Sicht zu schildern.

»Ich finde es anstrengend, jeden Monat über die Unkosten zu streiten.«

»Du möchtest nicht, daß wir halbe-halbe machen, aber ich glaube, es ist die einzige faire Möglichkeit. Wie siehst du das?«

Warnung: Wenn Sie sehen, daß ihre Augen sich verschleiern, sollten Sie die Sache aufschieben. Nicht schießen. Sie müssen vielleicht Ihre Wartezeit verlängern.

Resolution Nr. 4: Wenn Sie auf eine Veränderung in Ihrer Beziehung hinauswollen, legen Sie Ihre Karten offen auf den Tisch. Versuchen Sie, in einem Punkt sein Einverständnis oder zumindest eine Akzeptanz der Möglichkeiten zu erlangen.

»Ich will nicht mehr darüber streiten. Ich sehe drei Dinge, die wir alternativ tun können: Wir versuchen, die Unkosten drei Monate lang halbe-halbe zu teilen; wir teilen einige Unkosten halbe-halbe und andere nicht; oder ich zahle die Miete, und du zahlst alles andere. Was hältst du davon?«

Resolution Nr. 5: Lassen Sie Ihre Streitigkeiten nicht in einen Dritten Weltkrieg eskalieren, wenn sie nicht über die Sache reden will. Am Ende mag es ein Patt geben, wo keine Diskussion die festgefahrenen Positionen ändern kann. Wenn die ersten vier Resolutionen nicht greifen, dann bewegen Sie sich in dieser Sache auf einem Minenfeld. Entweder Sie machen sich auf einen weiteren aussichtslosen Kampf gefaßt, oder Sie sind bereit, sich zu ergeben.

Brauchen Sie noch mehr Motivation, um Frieden zu schließen? In einer Studie mit fünfundzwanzig Ehepaaren, die fünfundzwanzig Jahre oder länger verheiratet waren, stellte ein Forscher in Florida fest, daß die Fähigkeit, Probleme gemeinsam zu lösen, die beste Voraussetzung für eine erfolgreiche Ehe ist.

Ich muß wie auf Eierschalen gehen, wenn ich mit ihr rede

Linda, Börsenmaklerin und Mutter von fünfjährigen Zwillingen und einem Teenager, sagte, bei dem vielen Streß in ihrem Leben meine sie, daß sie allmählich auf einen GAU zusteuere. Kein Wunder, daß Mike, ihr eher sanftmütiger Mann, das Gefühl hatte, mit Kernwaffen angegriffen zu werden, wenn er etwas Anspruchsvolleres von sich gäbe als: »Hallo, Schatz, ist dein Tag gut gelaufen?« Und tatsächlich hat Linda einmal zurückgeknurrt: »Soll ich jetzt etwa einen detaillierten Bericht von meinem Tageslauf abliefern? Laßt mich doch alle in Ruhe!«

Es gibt mehrere Gründe, weswegen Ihre Gefährtin geneigt sein kann, mit ihrer Reaktion die Richterskala zu sprengen, indem sie fast alles was Sie sagen, falsch interpretiert. Manchmal ist ihre Welt, wie bei Linda, ein Dampfdrucktopf, und selbst die bestgemeinte Zutat bringt sie zum Überkochen. Die Wut Ihres Partners auf Sie wegen ungelöster Streitigkeiten – Sie nehmen zum Beispiel nicht genügend Rücksicht auf seine Privatsphäre – kann sich ferner in aufbrausenden Reaktionen entladen statt in ausdrücklichen Beschwerden. Es ist auch möglich, daß Ihre Art unabsichtlich provokant ist.

Wenn Mike zum Beispiel zu Linda sagt, die Kinder haben ihre Spielsachen in der ganzen Küche verstreut liegen gelassen, und er sodann Anstalten macht, ins Bett zu gehen, schreit sie: »Und warum hast du deinen Hintern nicht hochgekriegt und das Zeug weggeräumt?« Männer wie Mike, die unfähig sind, zu protestieren, wenn eine harmlose Bemerkung mißverstanden wird oder sich als Bumerang erweist, verstummen bald. Manche gestehen sogar, daß sie zu Halbwahrheiten Zuflucht nehmen, da jede Äußerung, die im entferntesten als

Vorwurf verstanden werden könnte, eine Explosion auslösen kann.

Wenn Sie auf Zehenspitzen um eine überreagierende Person herumgeschlichen sind, treten Sie weiterhin leise auf, wenn Sie ein paar neue Schritte ausprobieren.

Trittübungen für EIerschalengeher und LEIsetreterinnen

1. *Lassen Sie sich nicht be**ei**ndrucken von der Stärke seiner/ihrer Reaktion.* Manche Partner reagieren gerade zu Hause auffahrend, um an einem unverfänglichen Ort Dampf abzulassen, und fangen sich dann rasch wieder, wenn Sie ein paar taktlose Bemerkungen ignorieren. Man würde Linda feuern, wenn sie mit ihren Kunden so umspränge, aber Mike wird ihr vermutlich trotz ihrer Ausbrüche die Treue halten.

2. **Ei**nsicht gepaart mit Erklären ist unumgänglich. Überreagierende lösen Ihre Bemerkungen unter Umständen aus dem Zusammenhang oder interpretieren etwas hinein, was Sie nicht gemeint haben. Explosionsverhütung erfordert, daß Sie erklären, was Sie meinen *und* was Sie nicht meinen.

»Ich sage nicht, daß einer von uns beiden sofort aufräumen sollte, aber die Zwillinge lassen dauernd ihre Spielsachen in der Küche herumliegen.«

Andere **Ei**nsichtsvolle Formulierungen:

»Nicht, daß du denkst, ich mache dir Vorwürfe …«

»Nimm es nicht persönlich, aber …«

»Versteh mich nicht falsch, aber …«

»Ich weiß nicht recht, wie ich mich ausdrücken soll, aber …«

3. ***Ei**ngehende Überprüfung Ihrer Kommunikationsstrategien.* Sie dürfen sich einer flammenden Sprache, Betonung oder Mimik bedienen, während Sie Ihre Unschuld beteuern.

Überprüfen Sie, ob Sie dabei …

- einen herablassenden oder weinerlichen Tonfall haben
- ein finsteres oder abweisendes Gesicht machen
- allzu direkte oder indirekte Aussagen machen (vgl. ›Er ist zu kurz angebunden – Sie kommt nie zur Sache‹, S. 163ff)
- eine autoritäre oder anklagende Sprache haben (»Du sollst, du mußt, du darfst nie, es wäre besser, wenn du …«)
- heikle Themen zur unrechten Zeit ansprechen (Mike fing seine Auseinandersetzung zum Thema »In unserem Haus herrscht Chaos« mit Vorliebe dann an, wenn Linda es sich nach dem Essen gerade mit einem Glas Wein gemütlich machen wollte.)
- klagen, als ob es allein Aufgabe Ihrer Partnerin wäre, die Situation zu verbessern (»Wenn du dir ein bißchen mehr Mühe gäbst, könnten wir einen engeren Kontakt zu unseren Verwandten haben.«)

4. *Beeindrucken Sie durch Ihre Ausdrucksweise.* Auch wenn niemand in vertraulichen Gesprächen ein perfekter Diplomat ist – wenn Sie die obigen Richtlinien befolgt haben, stehen Sie vermutlich auf festerem Grund (als auf einem Berg von Eierschalen …).

Mike hatte gelernt, Linda wenigstens zwanzig Minuten Zeit zu lassen, wenn sie nach Hause kam, und weniger Bemerkungen darüber zu machen, was sie im Haushalt tun müßte. Linda dankte es ihm mit liebevolleren Reaktionen, und sie lebten von da an glücklich und in Freuden, umgeben von den Zwillingen, dem Teenager und einem Haufen alter Eierschalen.

Wie reagiere ich auf die Eifersucht meines Partners?

Partner reagieren auf eine echte oder eingebildete Bedrohung der Beziehung mit eifersüchtigen Gedanken. Wenn Sie offen flirten oder sich intensiv um andere bemühen, reagiert Ihr Partner auf eine Tatsache, und Sie sehen sich vor die Wahl gestellt, entweder Ihr Benehmen zu ändern oder Ihren Partner zu wechseln. Aber auch wenn Sie sicher sind, daß die Eifersuchtsanfälle verzerrten Eindrücken oder aus der Luft gegriffenen Phantasien entspringen, dürfen Sie diese Reaktion nicht auf die leichte Schulter nehmen. Da Eifersucht sowohl komplex als auch destruktiv sein kann – eine Untersuchung hat ergeben, daß bei über einem Drittel der Paare, die sich einer Ehetherapie unterzogen, Eifersucht im Spiel war –, werden Sie akzeptieren müssen, daß das grüne Ungeheuer sein häßliches Haupt erhebt, egal, was Sie tun.

An einem ihrer Abende beim Square dance bekam Alfred einen Anfall, als er bemerkte, daß Gisela bei »do-si-do«, der Figur, wo die Tanzenden Rücken an Rücken aneinander vorbeiziehen, Fred ganz nahe kam. Laut Alfred hatte Gisela »unnötigen Hautkontakt« mit Fred, dem Neuen in ihrer Tanzgruppe. Gisela, die Alfreds Vorwürfe lächerlich fand, erklärte, sie könne während eines »do-si-do« oder einer Promenade nicht für jeden Körperteil Rechenschaft ablegen. Sie verkündete, lieber würde sie auf Square dance verzichten, als sich mit Alfreds Wahnvorstellungen herumschlagen. Vielleicht sollte sie es zuerst einmal mit ein paar Eifersuchtsverhütungstaktiken probieren.

Dem grünen Ungeheuer den Stachel nehmen

1. *Laden Sie ein.* Geben Sie ihm das Gefühl, erwünscht zu sein, indem Sie ihm, wann immer es möglich ist, zur Teilnahme auffordern. Gisela lernte, Alfred zu bitten, mit zum Kegelabend zu kommen, obwohl er für diesen Sport nichts übrig hatte. Alfred blieb zu Hause und grämte sich weniger, indem er sich sagte: »Wenn sie mich gebeten hat mitzukommen, kann sie unmöglich flirten, während sie die Kegel abräumt.«

2. *Bitte eintragen.* Bemühen Sie sich, Ihren Verbleib zu belegen, wenn Sie außer Haus sind. Noch besser, bringen Sie Beweise mit, wo Sie gewesen sind. Behalten Sie also Punktelisten und Kursunterlagen.

3. *Sehen Sie heikle Situationen voraus.* Wenn Sie in Gesellschaft sind, rechnen Sie mit Eifersuchtsauslösern – dem Chef, der innigen Augenkontakt sucht, der Anwesenheit Ihrer ehemaligen Freundin aus der neunten Klasse beim Schultreffen. Dann bereiten Sie ihn beziehungsweise sie vor.

»Mein Chef ist eine Type für sich. Er starrt die Leute immer auf diese unheimlich intensive Art an.«

»Ah, da ist Brenda, mit der ich in der neunten Klasse befreundet war. Ich hätte sie fast nicht erkannt. Du siehst fünfzehn Jahre jünger aus als sie.«

4. *Lesen Sie die Scherben auf, wenn er rot gesehen hat.* Sie können nichts dafür, daß die Wahrsagerin Ihnen eine Affäre mit einem großen, glatzköpfigen Mann aus der Hand gelesen hat und daß Ihr klein geratener, vollhaariger Partner es gehört hat und von der Party gestürmt ist. Solche harten Situationen erfordern harte Taktiken.

- Halten Sie ihm zugute, daß er aufgeregt ist, und regen Sie sich nicht auch noch auf.
  Sagen Sie nicht: »Was fällt dir ein? Du kannst diese Handleserei unmöglich glauben – das war doch bloß Spaß.«

Versuchen Sie es mit: »Ich sehe, was Madame Futura sagte, hat dich aufgeregt. Ich wollte, sie hätte den Mund gehalten.«

- Beschwichtigen Sie sie schlicht und einfach mit der Wahrheit.
  »Ach komm, du weißt doch, daß du meine Allereinzigste bist.«
  »Ich hab gar nicht gemerkt, daß ich Fred beim do-si-do berührt habe.«
- Entschuldigen Sie sich – nicht für Ihr harmloses Verhalten, sondern dafür, daß es mißdeutet wurde.
  »Tut mir leid, daß es dich aufgeregt hat, wie ich mit meinem Chef am Telefon gelacht habe.«
  »Tut mir leid, daß du dachtest, ich tanze zu eng mit Fred.«

Wie drücke ich mein Bedürfnis nach Zuwendung aus?

Wir sind nicht alle mit sinnlichen Liebsten gesegnet, und es ist normal, daß Paare sich ungleiche Portionen an Kosen und Kuscheln wünschen. Wenn er Ihnen nur ein Minimum Ihres Zuwendungsquantums zukommen läßt, können sich Frust und Frostgefühl breitmachen. Schöpfen Sie Trost aus dem Wissen, daß seine Zurückhaltung im Zeigen von Zuwendung kein Zeichen für geringe Anziehungskraft ist. Auch hat das Paar, das neben Ihnen im Kino übereinander herfällt, nicht unbedingt eine stärkere Bindung.

Charlie entstammte einer Familie, wo man sich dauernd abküßte. Seine Freundin Ellen hätte fast geschrieen, als seine Großtante Belle ihr bei einem Familientreffen einen feuchten

Schmatz gab. Als sie zu Charlie sagte, Tante Belle hätte wohl nicht alle Tassen im Schrank, beschimpfte er Ellen, sie sei eine eiskalte Person, die ihm in den fünf Jahren ihres Zusammenseins von sich aus nicht einen einzigen Kuß gegeben habe. Falsch gemacht, Charlie!

Sie balancieren hier auf einem Drahtseil. Ihre Bedürfnisse anzumelden ist sinnvoll, aber achten Sie darauf, daß sie Zuneigungsgefühle nicht vermindern, wenn Sie versuchen, zu mehr Demonstration anzuregen.

Wie man die Kühlen zum Kuscheln bringt

1. *Seien Sie selbst kühl.* Wenn Sie dauernd die Initiative ergreifen, bleibt ihr wenig Raum, ihren eigenen Zuwendungsdrang aufwallen zu lassen. Schlimmer noch, sie könnte sich erstickt fühlen. (Vgl. ›Mein Partner/meine Partnerin will mich dauernd anfassen‹, S. 79ff.)

Nach der Auseinandersetzung blieb Charlie fast eine Woche kühl – aus Zorn, nicht aus Selbstbeherrschung. Aber als Ellen ihm bis in die Garage hinterherlief, um einen Abschiedskuß zu ergattern, wurde Charlie klar, daß er ihr nie zugestanden hatte, ihre Bedürfnisse so weit sich entwickeln zu lassen, bis sie bereit war, sie auszudrücken.

2. *Versuchen Sie es mit Schmeicheleien.* Versuchen Sie ihm beizubringen, wie gut etwas tut beziehungsweise täte. Stellen Sie seine Fähigkeit, Sie zu verwöhnen, in den Vordergrund, nicht Ihren Wunsch, verwöhnt zu werden.

»Es ist so wohltuend, wenn du meine Hand hältst.«

»Weißt du noch, wie du mich massiert hast, damals, 1968?«

»Wenn wir morgens im Bett schmusen, geht's mir den ganzen Tag gut.«

3. *Um Kosen kungeln.* Hier schlagen Sie Tauschgeschäfte vor. Im Bewußtsein Ihrer unterschiedlichen Bedürfnisse suchen Sie nach flexiblen Lösungen zu Ihrer gegenseitigen Befriedigung.

»Harry, es wäre schön, wenn du mir den Rücken massieren könntest. Ich weiß, du läßt dir deinen nicht gern massieren, aber wie kann ich dich sonst für eine zehnminütige Massage entschädigen?« Auf diese Weise bekam Harry endlich den Keller geputzt.

4. *Legen Sie alles offen.* Direktes Vorgehen ist vielleicht das einzig Wahre für wirklich Frustrierte. Schütten Sie Ihr Herz aus und sehen Sie zu, was passiert. Wenden Sie diese Vorgehensweise aber nur an, wenn Sie nicht sauer sind. Wie wir bei Charlie gesehen haben, ist zornig geäußertes Verlangen nach Zuwendung ein todsicherer Weg, um Distanz zu erhalten.

»Ellen, ich bin es leid, in unserer Beziehung immer der Zärtliche zu sein. Ich hätte gerne mehr Zärtlichkeitsbeweise von dir, zum Beispiel einen Gutenachtkuß oder daß du meine Hand nimmst, wenn wir über die Straße gehen.«

Wenn Sie alles oben Genannte ausprobiert haben und trotzdem überzeugt sind, daß Sie in Ihrer Beziehung Ihr Lebtag unter einem Zärtlichkeitsdefizit leiden werden, haben Sie drei Möglichkeiten:

- Ändern Sie Ihre Erwartungen.
- Lassen Sie Ihre Bedürfnisse anderswo befriedigen – gönnen Sie sich zum Beispiel zweimal monatlich eine therapeutische Massage.
- Gleichen Sie den Frust aus, indem Sie sich selbst mehr verwöhnen.

Während seiner enthaltsamen Woche hat Charlie das Aquarium gebaut, von dem er immer gesprochen hatte, und sich weniger Gedanken gemacht über den kalten Fisch, mit dem er zusammenlebte.

Mein Partner/meine Partnerin will mich dauernd anfassen

Individuelle Zuwendungsbedürfnisse setzen sich aus vielen Faktoren zusammen, darunter früh eingeübtes Rollenverhalten, kultureller Hintergrund und das Neue an einer Beziehung. Weil durch die Heftigkeit der anfänglichen Betörung die wahren Zuwendungsbedürfnisse eines Partners möglicherweise verschleiert werden, kommt es bald zu der bekannten Beschwerde: »Früher war er so romantisch.« Bedenken sie zudem, daß Kuschelbedürfnisse sich je nach Ihrem Gegenüber verschieben können. Da Gordon die Art verabscheut hatte, wie seine erste Frau ihn immer abwies, war er erstaunt, daß die fast stündliche Forderung seiner zweiten Frau nach einer »heftigen Umarmung« ihn überforderte.

Wenngleich es masochistisch anmuten mag, wenn nur der eine Partner immerzu der anbetende Teil ist, so macht es einigen von uns doch mehr Freude, hinzulangen statt angelangt zu werden. Umgekehrt behauptet der reservierte Partner die stärkere Stellung als Geliebter statt als Liebender. Es kommt jedoch zu Verstimmungen, wenn der zugreifende Partner dem zurückhaltenderen Anlaß gibt, sich erstickt zu fühlen. Jane, eine frischgebackene Mutter, fand es schon aufreibend genug, den Anforderungen ihres Babys nachzukommen. Wenngleich sie ihrem Mann James dankbar war, daß er seinen Anteil an der Fürsorge leistete, konnte sie seine ständigen allabendlichen Liebkosungen und unvorhergesehenen Umarmungen nicht ausstehen. Sie wollte nicht, daß er sich zurückgewiesen fühlte, aber sie wünschte sich glühend, nicht unentwegt von einem anderen Menschen berührt zu werden.

Wie Sie das Thema Berühren berühren

1. *Vorsicht – zerbrechlich.* Ihr Partner beurteilt die Qualität Ihrer Zweisamkeit vielleicht nach der täglichen Anzahl Umarmungen und Küsse. Es dürfte helfen, wenn Sie ihm versichern, daß Sie sich ihm nahe fühlen, ihm aber nicht immer nahe sein wollen.

2. *Schicken Sie die richtige Botschaft.* Wenn Sie gerne kneifen möchten, lächeln Sie nicht, wenn sie Sie zwickt. Das Bemühen um Höflichkeit könnte als Zustimmung mißdeutet werden. Folgende Abwehrbotschaften können versendet werden:

- Zurückweichen. Machen Sie einen abrupten Rückzug, wenn sie im Anzug ist.
- Zusammenzucken. Machen Sie eine erstaunte Miene.
- Schutzschild. Bringen Sie einen Gegenstand zwischen sich und sie. Männer benutzen seit Jahrzehnten eine Zeitung für diesen Zweck.
- Stoppschild. Sagen Sie »jetzt nicht« oder »ich muß mich konzentrieren« oder »laß das«.

Ein einsichtiger und einfühlsamer Partner wird auf diese Signale reagieren, aber …

3. *Eine besondere Zustellungsart könnte erforderlich sein.* Überlegen Sie sich dringlichere Methoden, wenn Ihre Berührungsdifferenzen dem alltäglichen Wohlbefinden im Wege stehen und er für die oben empfohlenen Signale unempfänglich zu sein scheint.

- Genehmigungsstempel. Geben Sie deutlich zu verstehen, was beziehungsweise was nicht wohltuend für Sie ist.
  »Es macht mich nervös, wenn mir jemand zu nahe kommt, wenn ich am Steuer sitze.«
  »Ich brauche Hilfe bei der Hausarbeit, nicht noch mehr Berührung, nachdem ich den ganzen Tag mit dem Baby zugange war.«

»Es macht mich verlegen, wenn du mich vor allen Leuten um einen Kuß bittest.«

- Kompromißangebot. Erarbeiten Sie einen Kompromiß, der sowohl ihr Sehnen nach Streicheln als auch Ihr Bedürfnis, es abzukühlen, befriedigt.
  »Wir können vorm Schlafengehen schmusen, aber ich kann keine Unterbrechung gebrauchen, wenn ich am Computer sitze.«
  »Wie wär's mit einer heftigen Umarmung, und dann möchte ich gerne die Zeitung lesen, während du das Baby stillst.«
  »Ein Schmatz in der Früh und einer, wenn ich nach Hause komme, ist mir genug, o.k.?«

Wie bringe ich Kritik an, ohne Krieg anzufangen?

Wenn Sie zu helfen versuchen, aber Ihre Kritik zum Kriegsausbruch führt, dann stimmt etwas nicht. Ihr Partner ist vielleicht empfindlich, was Kritik angeht. (Vgl. ›Ich kann Kritik von meinem Partner nicht gut vertragen‹, S. 84ff.) Vielleicht bringt Ihr Vormarsch ihn in Abwehrstellung. Statt hilfreiche Tips zu hören, sieht er sich von einem Sperrfeuer aus Worten angegriffen. Oder vielleicht sind Sie einfach zu mäkelig, und Ihr alles andere als perfekter Partner verteidigt seine Freiheit, er selbst zu sein, ohne daß Sie ihm dabei assistieren.

Krittelei ist nicht geschlechtsspezifisch, und es ist ganz normal, daß in einer Beziehung ein Partner mehr korrigiert als akzeptiert. Auch wenn Forscher herausgefunden haben, daß Frauen die Qualität ihrer Beziehung als Ganzes kritischer sehen als ihre Gefährten, so kann doch die Neigung der Männer, unverblümt zu sein und Kritik als »nichts Persönliches« anzusehen, ihre Partnerinnen zur Weißglut bringen. Auf der anderen Seite läßt das Bedürfnis des Mannes, sich akzeptiert und im Schliff seiner Persönlichkeit unabhängig zu fühlen, ihm Vorschläge wie Verleumdungen erscheinen. In seinem aufschlußreichen Buch ›What Men don't tell You but Women Need to Know‹ (Was Männer nicht sagen, Frauen aber wissen müssen) beginnt Bob Berkowitz das Kapitel ›Wie kritisiert man einen Mann‹ mit einem in ein einziges Wort gefaßten Rat: »Nicht.«

Mary-Ellen und Sal führten einen endlosen Kampf ums Autofahren. Saß Mary-Ellen am Steuer, beschwerte sich Sal, sie sei übervorsichtig, habe immer einen Fuß auf der Bremse. Sal dagegen raste wie eine gesenkte Sau, und Mary-Ellen bangte um ihr Leben. Jedem war es verhaßt, sich vom anderen sagen zu lassen, was er zu tun habe. Natürlich genossen sie und ihre Kinder nicht viele friedliche gemeinsame Autofahrten. Damit es bei ihnen weniger krachte, brauchten sie eine Belehrung, wie sie es vermieden, sich trotz Differenzen gegenseitig anzufahren und sich und die Kinder verrückt zu machen.

Ein Schnellkurs in Kritik

1. *Bevor Sie starten, schätzen Sie die Situation ab.* Entscheiden Sie zuerst, ob es sich lohnt, zur Sprache zu bringen, was Sie auf hundertachtzig bringt. Drehen Sie den Zündschlüssel erst, wenn Sie eine oder mehrere von folgenden Fragen mit »ja« beantworten können.

- Wird die Kritik meinem Partner/meiner Partnerin helfen?
- Betrifft die Kritik etwas, das er oder sie ändern kann?
- Bringt Reden mehr Vorteile als Schweigen?
- Ist dies ein guter Zeitpunkt und Ort zum Reden?

2. *Zeichnen Sie Ihre Route auf.* Wenn Sie es mit einem heiklen Thema und einem heiklen Partner zu tun haben, müssen Sie Ihr Fortkommen planen, um nicht in ein Gewitter zu geraten. Berücksichtigen Sie folgende Punkte bei Ihrer Kritik:

- Aufrichtige Sorge um sein oder ihr Wohlbefinden.
- Positive Ton- und Wortwahl.
- Deutliche Bezeichnung des Ziels, das Sie erreichen möchten.

3. *Wählen Sie keine tödlichen Waffen.* Rechnen Sie nicht damit, Ihr Ziel mit einem der folgenden Vernichtungsschläge zu erreichen:

- Vorwürfe oder Herabwürdigungen:
  »Du wirst eingesperrt, wenn du nicht so schnell fährst wie die anderen.«
  »Siehst du meine grauen Haare? Das kommt von deiner rücksichtslosen Fahrerei.«
- Barscher oder wütender Ton (Sie dürfen wütend *sein*, aber bemühen Sie sich, nicht so zu klingen):
- Ultimaten und Drohungen:
  »Wenn du nicht langsamer fährst, mach ich nie wieder einen Ausflug mit dir.«
  »Rase nur weiter so. Ich kotz dir deine ganzen Wildledersitze voll.«

4. *Bleiben Sie auf sicherem Terrain.* Wenn Sie beschließen, Kritik anzubringen, gehen Sie auf Nummer Sicher, sonst laufen Sie Gefahr, die Tour zu vermasseln. Hier sind ein paar zuverlässige Methoden:

- Akzeptieren und umdirigieren. Bekunden Sie Einverständnis mit ihrer/seiner gegenwärtigen Fahrweise und schlagen Sie dann eine vor, die noch besser ist.
  »Ich weiß, du fährst gerne vorsichtig, und das finde ich prima. Ich denke, es wäre noch sicherer für dich, wenn du nach vorne gucken und seltener auf die Bremse steigen würdest.«

»Ich liebe deinen Ehrgeiz. Wenn du vorhast, freiwillig Überstunden zu machen, könntest du dein Arbeitspensum vielleicht so planen, daß du trotzdem samstags zu Billys Tabellenspiel gehen kannst.«

- Machen Sie das Problem zu Ihrem eigenen. Lassen Sie sich davon dann den Weg zur Lösung zeigen. Ganz recht. Auch wenn er derjenige ist, der schnarcht, sind Sie es, die sich deswegen hin und her wälzt. Schildern Sie Ihren miserablen Zustand genau, und benutzen Sie so oft wie möglich das Wort »ich«.
  »Ich habe einen leichten Schlaf. Gibt es eine Möglichkeit, wie ich dich wissen lassen kann, wenn du schnarchst?«
  »Ich mag einfach kein durchgebratenes Fleisch. Ich vergesse immer, es dir zu sagen, wenn wir grillen.«
  »Ich habe wirklich einen empfindlichen Magen, könntest du wohl ein bißchen langsamer fahren?«

Ich kann Kritik von meinem Partner nicht gut vertragen

Wir wiegen uns gerne in dem Glauben, in den Augen unseres Geliebten nichts falsch machen zu können, aber es ist unrealistisch, bedingungsloses Verstehen und Vergeben zu erwarten, sobald wir über die Schmeichel- und Scharwenzelphase hinaus sind.

Ihr Partner ist nicht vollkommen – stimmt's? Und Sie sind es auch nicht. Ein Schauer unverlangter Kritik ist niemals hilfreich, und wenn ein solcher auf Sie herabregnet, ist es Ihr gutes Recht, zu protestieren. Doch eine gelegentliche konstruktive Kritik – eine Bemerkung, die eindeutig der Sorge um Ihr Wohlergehen entspringt – verdient ein offenes Ohr.

Die Erkenntnis, daß man alles andere als vollkommen sein und dennoch geliebt werden kann, ist für Kritikempfindliche eine regelrechte Offenbarung. Steve war gar nicht erbaut darüber, daß seine erste Frau alles kritiklos hinnahm. Sie erwähnte nicht einmal seine zwei Päckchen Zigaretten täglich. Im Gegensatz dazu lag Maria, seine zweite Frau, ihm oft in den Ohren, er möge an sich arbeiten. Sie machte ihm alle möglichen Vorschläge, empfahl sogar Karate-Kurse und suchte ihm mit versteckten Andeutungen zu helfen, sein Laster loszuwerden. Steve schätzte Marias Sorge um seine Gesundheit, trotzdem war er jedesmal auf Hundert, wenn sie ihm taktvoll beizustehen versuchte. Folgende Anregungen halfen ihm, sich von Maria helfen zu lassen.

Sind Sie kritikempfindlich? (Eine Checkliste)

- Es geht Ihnen weniger ums Thema als um die Tatsache, daß Ihre Partnerin Sie »herunterputzt«. Steve erkannte, daß seine Abwehr gegen Maria von seinen eigentlichen Problemen, etwa der Nikotinabhängigkeit, ablenkte.
- Sie würden nie auf seinen Vorschlag eingehen, weil das bedeuten würde, daß Sie nachgeben. Auch wenn der Vorschlag alles andere als feinfühlig vorgebracht wurde, Ihr Partner steht auf Ihrer Seite, er hat nicht vor, Sie niederzumachen.
- Ihre Ehehälfte klagt, daß es schwierig oder unmöglich ist, Sie zur Einsicht zu bringen. Marias und Steves zunächst vernünftige Diskussion über das Rauchen endete mit Marias Äußerung: »Schön, dann bring dich eben um«, worauf Steve erwiderte: »Klar doch, wird gemacht.«

Wenn etwas von Obigem zutrifft, ist es Zeit, etwas strikter vorzugehen.

Was tun, wenn eine Veränderung in Ihrem Tun erwünscht ist (Nehmen Sie es wie ein erwachsener Mensch)

1. *Pssst.* Lassen Sie's ihn ausspucken, während Sie verdauen. Stellen Sie sich die Schlüsselfrage: Hat er mein Bestes im Sinn? Lautet die Antwort »ja«, hören Sie weiter zu.

2. *Zügeln Sie Ihren Drang, in Wut auszubrechen.* Denken Sie wie ein Diplomat, nicht wie ein Dreikäsehoch. Stimmen Sie ihr zu, wo Sie können, oder zeigen Sie zumindest Anerkennung für ihre Besorgnis.

»Du hast recht. Ich sollte mir für's neue Jahr vornehmen, damit aufzuhören.«

»Ich weiß, daß meine Raucherei dir echt an die Nieren geht, und es tut mir leid.«

3. *Seien Sie tapfer.* Wenn Sie Schritt zwei vollzogen haben und bereit sind, den Wert der Vorschläge Ihres Partners anzuerkennen, fordern Sie ihn auf, seine Ideen vorzutragen, und reagieren Sie positiv oder negativ.

- Auffordern: »Was bringt dich auf die Idee, daß jetzt eine gute Zeit zum Aufhören ist?«
  »Was hast du über Gruppenhypnose für Raucher gehört?«
- Reagieren: »Vielleicht kann einer von uns Informationen über die Hypnosekurse besorgen.«
  »Bei den ganzen Umstellungen im Büro ist jetzt die denkbar schlechteste Zeit zum Aufhören. Und glaub mir, das ist keine Ausrede.«

4. *Seien Sie nett.* Danken Sie ihr für ihre Besorgnis, und lassen Sie sie wissen, ob Sie zur Diskussion bereit sind oder

nicht. Wenn nicht, sagen Sie es ihr trotzdem auf nette Weise. Sie hat schließlich nur zu helfen versucht.

»Deine Ideen hören sich gut an. Wenn wir die Informationen haben, können wir uns überlegen, welche Methode sich am besten eignet.«

»Maria, bitte tu mir einen Gefallen und fang nicht jede Woche mit meiner Raucherei an. Ich kenne mein Problem, und es ist meine Sache, damit fertigzuwerden.«

Wenn Kritik krittelnd geäußert wurde, ist es Ihr gutes Recht, kritisch auf den Stil zu reagieren, nicht auf den Vorschlag. Sagen Sie einfach, was Ihnen nicht gepaßt hat.

»Ich mag es nicht, wie eine Zweijährige geschimpft zu werden, weil ich eine Schachtel Mohrenköpfe gegessen habe.«

»Ich werde mir deine Vorschläge anhören, wenn du sie ohne diesen wütenden Ton vorbringen kannst.«

Ich möchte meinem Partner helfen, sich ein Laster abzugewöhnen

Da der Mensch sich nur ändert, wenn er dazu bereit ist, tun Sie gut daran, Ihren Partner bestimmen zu lassen, wann und wie eine Veränderung vonstatten gehen soll. Da Frauen aber zu Kooperation neigen, werden sie Laster auch am liebsten in Gemeinschaftsarbeit los. Männer, die meist empfindlich auf die Bloßlegung schwacher Stellen reagieren, sind von dem Motto »Das stehen wir zusammen durch« vielleicht nicht so erbaut. Manche Männer reagieren, als ginge Sie das nichts an, selbst wenn Sie mit ihm verheiratet sind. Es ist besonders wichtig, nicht den Eindruck zu erwecken, daß das Laster Ihnen mehr Sorgen bereitet als ihm selbst. Übertriebene Besorgnis könnte die ganze Kampagne zunichte machen, ob es nun darum geht, das Rauchen aufzugeben oder ihn dazu zu bewegen, sich mehr mit den Kindern abzugeben.

Glen wollte das Naschen lassen und die siebzehn Pfund abnehmen, die er seit einem Autounfall im Vorjahr zugelegt hatte. Seine Frau Rita, die den Ring um seinen Leib leid war, sagte, sie würde ihm hundertfünfzigprozentig helfen. Da sie zeit ihres Lebens Kalorien zählte, tat Rita tausendmal am Tag ihre Ernährungskenntnisse kund (»Glen, Knäckebrot mit Butter ist nicht kalorienarm« und so weiter und so fort). Glen fauchte, er wolle auf seine Art Diät halten, und er finde, ihre Kommentare hörten sich an, als ob er ein Idiot sei. Wenn Rita sah, wie Glen Karotten in eine ultrafette Tunke tauchte, kochte sie innerlich, frustriert, weil sie doch jede Menge gutgemeinte Hilfe anzubieten hatte. Aber sie brauchte sich nicht völlig zurückzuziehen. Sie konnte ihre helfende Rolle beibehalten, sobald sie gelernt hatte, motivierende Anregungen zu unterscheiden von Antreiben, Beschämen und Hetzen.

Wie Sie seinen Änderungsdrang dämpfen

Tun Sie etwas von Folgendem, und er wird sein leidiges Laster garantiert sein Lebtag beibehalten.

- Das Laster Tag und Nacht erwähnen.
- Ihn mit anderen Männern oder Frauen vergleichen:
  »Orville Pischnowitz hat in zwei Wochen zwanzig Pfund abgenommen.«
- Ihm sagen, daß er Ihnen das Leben schwer macht:
  »Ich hab kaum Platz, wenn du neben mir im Kino sitzt.«
  »Mit *dem* Bauch hast du eine dreißig Prozent größere Chance, mich zur Witwe zu machen, bevor ich sechzig bin.«

- Ultimaten und Drohungen aussprechen:
  »Entweder du hast abgenommen, wenn meine Cousine Clara im März heiratet, oder ich gehe ohne dich auf die Hochzeit.«
- Seine Schwierigkeiten analysieren:
  »Deine Mutter hat dir als Kind wohl nicht genug zu essen gegeben, und das willst du jetzt ausgleichen.«
- Jedesmal einen Tobsuchtsanfall kriegen, wenn er rückfällig wird:
  »Ich faß es nicht. Du hättest wirklich nicht das ganze Stück Buttercremetorte verschlingen müssen.«
- Sich mit Ihrer eigenen Selbstbeherrschung brüsten:
  »Ich weiß gar nicht, was daran so schwer ist, Diät zu halten. Ich könnte eine Schokoladenfabrik besichtigen, ohne auch nur ein Stückchen zu kosten.«
- Seinen Mangel an Selbstbeherrschung kritisieren:
  »Aha, deswegen stand ›undisizipliniert‹ in deinem Vorschulzeugnis.«

Wie Sie ihm zum Erfolg verhelfen

Befolgen Sie diese drei Richtlinien, und er wird sich ändern, wenn er will.

1. *Fragen Sie Ihren Parnter.* Fragen Sie einfach, was Sie tun können, um ihm zu helfen. Vertrauen Sie darauf, daß die Antwort, die Sie erhalten, aufrichtig ist.

»Wie kann ich dir helfen, mit dem Rauchen aufzuhören?« Und danach: »Und laß mich wissen, ob ich sonst noch was tun kann, um dir zu helfen.«

2. *Akzeptieren Sie seinen Weg.* Bedenken Sie, daß bei verschiedenen Menschen verschiedene Strategien angewandt werden müssen. Wenn er nicht davon spricht, die Schachtel

Zigaretten wegzuwerfen, die er für den Notfall in seiner Schublade verwahrt, nehmen Sie es nicht eigenmächtig in die Hand, sie beiseite zu schaffen, auch wenn Sie damit nur helfen wollen.

3. *Nehmen Sie merkliche Veränderungen und Anstrengungen zur Kenntnis.* Sprechen Sie ein Lob aus, wenn Sie bemerken, daß eine Veränderung eintritt und er sich Mühe gibt.

»Du riechst in letzter Zeit so gut. Und ich war schwer beeindruckt, als du beim Essen bei Wilsons eine Zigarette abgelehnt hast.«

»Ein Monat ohne zu qualmen, das ist phantastisch! Jetzt geh ich mit dir in dein Lieblingsrestaurant.«

> Auch wenn sein Laster Ihnen großen Kummer macht, bedenken Sie, es ist *sein* Laster, und nur er kann sich davon befreien.

Wie kann ich meinen Partner zu etwas bewegen, ohne zu nörgeln?

Nörgelei oder die Anwendung einer permanent negativen Taktik, um jemanden zu etwas zu bewegen, schafft eine ungute Atmosphäre. Für die arme Seele, die sich ausgenutzt fühlt, ist der Nörgler eine Nervensäge. Frauen sehen sich oft als ein solches Biest hingestellt, da Unabhängigkeit bei Männern groß geschrieben wird und sie dazu neigen, eine Bitte um Hilfestellung als Einengung zu verstehen. Auf der anderen Seite sind Frauen eher geneigt, auf eine Bitte »ja« zu sagen, da sie das Gefühl haben, daß sich dadurch die Vertrautheit mit ihrem Partner erhöht. Wenn der Bitte, die Einkäufe rein- oder den Müll rauszuschleppen, nicht entsprochen wird, ist es ein natürlicher Wunsch, die Stimme oder Klage zu erheben. Andere Strategien sind jedoch viel wirkungsvoller, um Ihren Partner zu überzeugen, ohne ihm auf die Nerven zu gehen.

Ohne Nörgeln zum Erfolg – ein Schnellkurs

1. *Erkennen Sie die Symptome Ihres Nörgelns.* Dazu gehören:

- Auch wenn Sie genau wissen, daß er nicht tun wird, was Sie sagen, Sie triezen ihn trotzdem.
- Sie bitten ihn nie nur ein einziges Mal um etwas.
- Sie ärgern sich über vieles, das Ihr Partner tut, und müssen es ihm unbedingt jedesmal sagen.
- Sie erzielen gar keine Reaktion, die falsche Reaktion oder Sabotage. (Er bequemt sich endlich, die Wäsche aus dem Trockner zu nehmen – wenn die Handtücher noch naß sind.)
- Sie verwenden oft Wendungen wie »du solltest«, »du könntest« oder »du mußt«.
- Sie gelten als Nörgler. Egal, wie liebevoll Ihr Ton gemeint ist, im Ohr des Zuhörers klingt es nach nörgeln.

2. *Beherrschen Sie sich, nicht ihn.* Begrenzen Sie die Anzahl Ihrer anvisierten Wünsche auf einen pro Tag oder fünf pro Woche. Setzen Sie Prioritäten, und behalten Sie bei der Wahl Ihrer Meckerthemen Ihre Hauptbedürfnisse im Sinn. Beschließen Sie, vorerst keines der anderen zu erwähnen.

Evelyn wollte, daß Stan ihr dabei half, die Küche aufzuräumen, ihren Lebenslauf auf den neuesten Stand zu bringen und den Hund zu füttern. Vor allem aber war Evelyn Stans chaotische Autogrammkartensammlung von Baseballspielern in ihrem Schlafzimmer ein Dorn im Auge; darüber hinaus machte sie sich Sorgen wegen seiner unausgewogenen Ernährungsweise. Da sie wußte, daß Stan einmal das Angebot seiner Mutter ausgeschlagen hatte, ihm zweihundert Dollar zu geben, wenn er einen Teller Brokkoli äße, hielt Evelyn es für unklug, Gemüse auf seinen Speiseplan zu setzen. Evelyn beschloß also, ihre »Überredung des Monats« der Verbannung der Baseballberühmtheiten in Stans Schlafzimmerecke zu widmen.

3. *Vermitteln Sie Ihre Besorgnis strategisch.* Probieren Sie eine von folgenden drei Strategien, und bedienen Sie sich dabei eines neutralen Tonfalls.

- Der heitere Hinweis. Eine lässige, zarte, freundliche Andeutung kann Erfolg bringen, wenn die Spannung, die die Angelegenheit begleitet, gering ist.

  »Es wäre super, wenn … du die Socken paarweise in den Wäschekorb legen würdest.«

  »Ich fände es prima, wenn … du Julia dienstags vom Kindergarten abholen würdest.«

  »Ich frage mich, ob … wir es diesmal wohl beide schaffen, auf die Eigentümerversammlung zu gehen.«

  »Es wäre schön, wenn … wir an meinem Kegelabend um sieben mit dem Essen fertig sein könnten.«

- Die Ich-weiß-es-ist-mühsam-Bitte. Hier gestehen Sie zu, daß die Erfüllung Ihrer Bitte Ihrem Partner Umstände machen könnte. Da er sich verstanden fühlt, lenkt er vielleicht eher ein.

  »Ich weiß, du hast nach der Arbeit eine Menge zu tun. Ob du wohl trotzdem die Sachen aus der Reinigung holen könntest?«

  »Ich weiß, du willst das nicht sehen, aber es wäre nett, wenn du mir die Sondersendung über politische Attentate aufzeichnen könntest.«

  »Auch wenn du nicht gerne was weggibst, könntest du vielleicht die Pullover, die du seit der Schulzeit nicht mehr getragen hast, für die Kleidersammlung spenden?«

- Nörgeln Sie auf eine Weise, mit der Sie ein **T-O-P**-Ergebnis erzielen. Diese Dreistufenmethode verleiht Ihnen Eindringlichkeit ohne Aufdringlichkeit:
  Trompeten Sie lauthals heraus, was Sie ärgert.
  »Wenn die Karten im ganzen Schlafzimmer rumfliegen …«
  Offenlegen: Zeigen Sie auf, wie die Angelegenheit sich auf Sie auswirkt.
  »… es ist schwer, für Ordnung zu sorgen, so daß alles proper aussieht.«
  Problem beim Namen nennen: Sagen Sie, worauf Sie hinauswollen, nennen Sie Ihr Ziel.
  »Ich möchte, daß die Karten im Schlafzimmer auf deiner Seite bleiben.«

4. *Sparen Sie nicht mit Lob.* Ihr Gefährte muß wissen, daß seine Bemühungen, zu helfen, gewürdigt werden, auch wenn sie sich noch in kleinem Rahmen halten. (»Danke, daß du die Urlaubsfotos zum Entwickeln gebracht hast.«) Von kleinen alltäglichen Leistungen Notiz zu nehmen erhöht die Wahrscheinlichkeit, daß er Ihnen das nächste Mal zuhören wird, statt aus der Haut zu fahren.

Er will nie zugeben, daß er Hilfe braucht

Für Nadine war ihr Freund Ben ein Rätsel. Ihre Freundinnen, die Beziehungsprobleme hatten, durften sich oft an seiner Schulter ausweinen, und er hatte Einsichten, die sie immer besonders aufschlußreich fanden. Doch als Nadine vorschlug, einen Berater aufzusuchen, um ein langwieriges Problem in ihrer Beziehung auszubügeln, weigerte sich Ben und bestand darauf, die Sache in eigener Regie zu regeln. Offenbar konnte Ben Hilfe leisten, doch selbst welche anzunehmen widerstrebte ihm.

Das Wissen, daß der Liebste von einer Hilfestellung profitieren könnte, von der er nichts wissen will (sei es durch einen Psychotherapeuten oder sei es auch nur durch die Verkäuferin in der Krawattenabteilung), kann einen zur Verzweiflung bringen. Untersuchungen zeigen, daß es Frauen insgesamt leichter fällt, um Informationen, Beistand und Unterstützung zu ersuchen. Die meisten Ratgeber werden von Frauen gekauft, Frauen bitten in Geschäften eher um Hilfe und klagen oft darüber, daß der Mann in ihrem Leben sich lieber hoffnungslos verfährt, als an einer Tankstelle nach dem Weg zu fragen. Wie die Geschichte von Nadine und Ben zeigt, wären Psychotherapeuten brotlos, wenn sie allein auf Männer als Klienten zählen würden. Der Psychologe Alvin Baraff schätzt, daß Männer in Einzeltherapie nur fünfzehn Prozent aller Fälle ausmachen.

Warum leisten Männer Widerstand gegen Beistand, auch wenn er sie auf lange Sicht voranbringen würde? Manche Männer fühlen sich – und das können viele Frauen nicht begreifen – auch bei einer kurzen Begegnung mit einer Krawattenverkäuferin oder einem Tankwart unbehaglich und verletzt, weil sie keinen Rat wissen und ihr Gegenüber in die Expertenrolle schlüpft. Für sie wiegt dann die Unannehmlichkeit, um Hilfe zu bitten, schwerer als die Unannehmlichkeit, ziellos im Kreis zu fahren oder die falsche Krawatte zu wählen. Der Preis, den sie dafür entrichten, sich kompetent zu fühlen, mag wiederum einer Gefährtin, die nichts dabei findet, um Hilfe zu ersuchen, überhöht erscheinen.

Helfen, obwohl Ihr Partner keine Hilfe annehmen will

1. *Spielen Sie nicht den Therapeuten.* Es führt zu nichts, wenn Sie seine Nach-dem-Weg-fragen-Phobie analysieren. »Du bist so unsicher, daß du es nicht erträgst, nicht jede Sekunde der Experte zu sein.«

2. *Üben Sie keinen Druck aus.* Nehmen Sie Abstand vom Aderlaß.

»Wenn du nicht an der nächsten Tankstelle anhältst, mache ich nie wieder einen Ausflug mit dir.«

3. *Verabreichen Sie eine lindernde Medizin.* Erläutern Sie vorsichtig, welche Vorzüge es bringt, Informationen, Unterstützung oder Rat anzunehmen. Betonen Sie, wie gut es wäre, wenn … Wenn er anbeißt, prima. Wenn nicht, brechen Sie ab.

»Es liefe vielleicht besser mit uns, wenn wir einmal mit einem Profi auf diesem Gebiet reden würden.«

»Wir sparen Benzin und Zeit, wenn wir anhalten und uns erkundigen, wie wir wieder auf die Bundesstraße kommen.«

4. *Spielen Sie die Rolle der Erste-Hilfe-Suchenden.* Er zeigt sich vielleicht eher bereit, sich helfen zu lassen, wenn Sie zu Beginn in die Rolle derjenigen schlüpfen, die Beistand wünscht oder braucht. Bedenken Sie, daß sein Stolz ihm verwehrt, um Hilfe zu bitten, daher können Sie beherzt für Sie beide handeln, während er das Gesicht wahrt.

»Ich weiß, du magst nicht gerne anhalten, aber wenn du gegenüber der Tankstelle parkst, lauf ich rüber und frage.«

»Ich weiß, du hältst nichts von Therapeuten, aber ich hätte dich gerne bei einer Sitzung dabei, damit du mir helfen kannst, ein paar Dinge zu klären.«

Wie kann ich durchblicken lassen, was für ein Geschenk ich mir wünsche?

Für viele von uns ist ein Geschenk ein Gegenstand gewordenes Symbol dafür, was unser Partner von uns denkt. Wenn wir etwas Kostspieliges, sorgfältig Ausgesuchtes erhalten, folgern wir daraus, daß wir in den Augen unseres Partners einen hohen Stellenwert haben. Andererseits, wenn die Begleitkarte unpassend und das Geschenk eines war, wie wir es zu einem unangenehmen Pflichtbesuch mitnehmen würden, meinen wir daraus schließen zu können, wie wenig wir ihm oder ihr tatsächlich bedeuten.

Aber neben denen, die Geschenke lieben, gibt es andere, für die das Schenken oder Beschenktwerden kaum eine Rolle spielt. Diese Leute erklären gewöhnlich, eine einmal im Jahr verteilte oder empfangene Gabe verblasse neben dem, was man sich in einer guten Beziehung Tag für Tag gebe. Wenn diese Gegensätze ein Paar bilden, heißt es achtgeben, besonders bei besonderen Anlässen.

Sheila war aufgeregt wie eine Sechsjährige, als sie die große Schachtel sah, die Max ihr zu ihrem vierzigsten Geburtstag mitbrachte. Sie hatte sich einen Computer erhofft, der ihr den Schreibkram als freie Mitarbeiterin erleichtern würde. Als sie statt dessen eine Küchenmaschine mit sechzehn Zubehörteilen auspackte, konnte sie nicht umhin, bittere Tränen zu vergießen. »Du schenkst mir einen Mixer?« Max wandte völlig perplex ein: »Aber jetzt kannst du doch alle möglichen leckeren Sachen kochen.« Worauf Sheila fuchsteufelswild wurde. »Du meinst, du hast mir etwas gekauft, von dem hauptsächlich du profitierst?« So verständlich Sheilas Enttäuschung war, mit einigen taktvollen Wunschtaktiken hätte sie Max' Patzer zuvorkommen können.

Wie man innige Wünsche erfüllt bekommt

1. *Erwarten Sie keine Zauberei.* Gedankenlesen ist eben nicht seine Stärke. Beobachten Sie die Schenkgewohnheiten Ihres Partners. Nach ein, zwei Anlässen sollten Sie imstande sein zu erfassen, wie ernst er Geschenke nimmt und wie weit er merkt, was Ihnen gefällt. Sheila hätte zum Beispiel an jenem Geburtstag, den sie zum ersten Mal gemeinsam mit Max feierte, erkennen können, daß für ihn ein Dampfbügeleisen wahre Liebe bedeutete.

2. *Helfen Sie dem Wunder auf die Sprünge.* Sicher wäre es schön, wenn Ihr Partner intuitiv wüßte, wie wichtig Ihnen das perfekte Geschenk ist, aber Sie können die Chancen, das Gewünschte zu bekommen, erhöhen, wenn Sie ihn an Ihren geheimsten Gedanken teilhaben lassen.

»Liebling, wenn ich so zurückdenke, waren die allerschönsten Geschenke diejenigen, die ich mir nie selber gekauft hätte, echter Schmuck etwa oder ein sexy Negligé.«

3. *Beschwören Sie vor dem Anlaß die Geister.* Lassen Sie ein paar Hinweise fallen, wobei Sie das Wort »Geburtstag« oder »Hochzeitstag« mit einem bestimmten Gegenstand in Zusammenhang bringen.

»Guck mal, der Whirpool da – so was würde mir zum Hochzeitstag gefallen.«

»Weißt du, ich habe noch nie einen Kaschmirpullover besessen. Es wäre herrlich, diesen Herbst einen zu haben.«

Wenn er ein wirklich schwieriger Fall ist, setzen Sie ihm die Pistole auf die Brust.

»Max, dieses Jahr ist ein besonderer Geburtstag, also bitte diesmal kein Haushaltsgerät. Wie wäre es mit etwas Romantischem und Persönlichem, zum Beispiel Blumen?«

4. *Versichern Sie sich der Hilfe eines Zauberkünstlers.* Bitten Sie seinen Bruder, Kollegen oder besten Freund, ihm ge-

genüber ein paar Andeutungen fallen zu lassen. Und dann grinsen Sie wie ein Honigkuchenpferd, wenn Sie genau das Gewünschte auspacken.

Sie reagiert übertrieben

Sonja, Leiterin eines Pflegeheims, war keine erstklassige Köchin. Als Ehemann Mark leichthin bemerkte, der Hamburger, den sie gegrillt hatte, sei noch roh, fing Sonja an zu weinen, sie würde »nie was richtig machen«. Für Mark war Sonjas kindische Reaktion schlimmer als der nicht durchgebratene Hamburger. Wenn der Partner logisch denkt (»Wenn der Hamburger roh ist, muß er eben noch mal auf den Grill«) statt emotional (»Es könnte Sonja kränken, wenn ich ihre Kochkunst kritisiere«) und sie emotional reagiert (»O je, ich bin ein Trampel in der Küche«), gibt es massenhaft Mißverständnisse.

Wir wirken kalt und distanziert, wenn wir die emotionale Wirkung unserer Worte und Taten ignorieren. Auf der anderen Seite wirken wir unorganisiert, unpraktisch und irrational, wenn wir uns in Gefühlsausbrüchen ergehen und den Kern der Sache verfehlen. Auch wenn wir unabänderlich anders denken und fühlen als unser Partner, können wir trotzdem eine bessere Übereinstimmung von Verstand und Gemüt anstreben.

Damit heftige Emotionen Sie nicht aus der Bahn werfen ...

1. *Benutzen Sie Ihren Grips.* Betrachten Sie die Situation von der anderen Seite. Nehmen wir uns den Vorfall zwischen Sonja und Mark noch einmal vor: Sonja glaubt, Eheleute sollten sich gegenseitig ein Gefühl von Geborgenheit, nicht von Unzulänglichkeit vermitteln. Da dies das dritte Mal innerhalb einer Woche war, daß Mark Mängel an ihrer Kochkunst erwähnte, dachte Sonja, er wolle ihr damit zu verstehen geben, sie sei ein hoffnungsloser Fall, wenn es ums Kochen ging. Und für Sonja war Kochkunst irgendwie mit ihrem Wert als Ehefrau verknüpft. Auch wenn Mark diese Verbindung nicht beabsichtigt hatte, konnte er erkennen, daß ihre Reaktion unter diesen Voraussetzungen plausibel war.

Wenn Sie das nächste Mal mit einer Reaktion konfrontiert sind, die Ihnen unbegreiflich ist, fragen Sie sich: »Woher kommt diese emotionale Reaktion?« oder: »Auf welchen falschen Knopf habe ich gedrückt?« statt: »Was hat sie bloß?« Achten Sie besonders darauf, nicht kritisch oder fordernd zu sein, wenn sie todmüde, überlastet oder in Eile ist.

2. *Kommen Sie ihr nicht mit Logik, wenn sie emotional ist.* Wenn jemand vollkommen aufgebracht ist, hat es gewöhnlich keinen Zweck, vernünftig zu argumentieren. Mark verschlimmerte seinen Fehler noch, indem er genau beschrieb, wie halbgares Fleisch aussah, sich anfühlte und schmeckte, damit Sonja es sich für die Zunkunft merkte. Als sie mit einem Brötchen nach ihm warf und sagte, er solle sich seine dämlichen Hamburger doch selber braten, war Mark vollkommen erschüttert. »Ich wollte dir doch bloß helfen!« Mund halten wäre besser gewesen, Mark!

3. *Erst denken, dann reden.* Provozieren Sie Ihre Partnerin nicht, es sei denn, Sie haben nichts gegen Senf im Gesicht.

Vermeiden Sie, folgendes zu sagen:
»Du tickst wohl nicht richtig.«
»Was ist in dich gefahren?«
»Du führst dich auf wie eine Irre.«
»Bist du verrückt geworden?«
»Kriegst du wieder deine Tage?«
»Ich ruf am besten die Männer mit den weißen Kitteln.«

4. *Geben Sie später eine Erklärung ab.* Wenn sich der Sturm ein bißchen gelegt hat, ist es Ihr gutes Recht, ihr zu erklären, wie Sie die Dinge sehen. Mark könnte zum Beispiel sagen: »Ich habe bloß gesagt, wie ich meinen Hamburger gerne hätte. Ich wollte nicht Kritik an deiner Kochkunst üben.« Sie sammeln Pluspunkte, wenn es Ihnen gelingt, unkritisches Verständnis für die Sichtweise Ihrer Partnerin zu zeigen, etwa: »Ich weiß, du warst sauer, als ich den Hamburger erwähnte, aber …«

Sie bringt mich vor anderen Leuten in Verlegenheit

Dennis war von Selmas neckischem und schmeichelndem Wesen angetan, als sie sich kennenlernten, und schließlich lernte er die ziemlich ernste und nachdenkliche Frau, die sie war, wenn sie unter sich waren, lieben. Als Selma auf seinem Schultreffen ihre Frohnatur hervorkehrte, war Dennis verärgert. Er meinte, seine alten Freunde würden ihn für dämlich halten, weil er sich mit einer so frivolen Frau eingelassen hatte.

Je mehr wir das Verhalten unseres Partners oder unserer

Partnerin als eine Erweiterung unseres eigenen Verhaltens betrachten, desto stärker kann es uns zum Erröten bringen. Wenn Selma auf Teufel komm raus mit Dennis' alten Schulfreunden flirtet, so als wäre sie noch frei, oder wenn Ihr Freund Ricky auf einer Abendeinladung Geschichten von seinen diversen Vorleben im alten Ägypten zum besten gibt, ist es schwierig, Abstand zu nehmen und zu denken: »Tja, so ist Selma nun mal«, oder: »Ricky ist vielleicht 'ne Marke, aber ich liebe ihn trotzdem.«

In Wahrheit kann Ihr Schatz Sie manchmal wünschen lassen, im Erdboden zu versinken. Hier ein paar Tips, wie Sie's weniger schwer nehmen, wenn Ihr Liebling es allzu leicht nimmt.

Wieder rosa sehen, wenn Sie rot gesehen haben

1. *Unternehmen Sie nichts.* Selbst wenn Ihr Liebster auf dem Eßtisch Ihres Chefs Hula tanzt, sind Sie nicht für sein Tun verantwortlich. Er ist Ihr Partner, nicht Ihr Kind. Mit Schimpfen oder Zanken richten Sie den Scheinwerfer auf Ihre eigene Verlegenheit, und das dürfte auch für alle anderen peinlich werden.

2. *Ignorieren oder gewähren lassen.* Bei den meisten Geselligkeiten haben Sie die Möglichkeit, sich in eine andere Ecke des Raumes zu retten. Wenn der Hulatanz beginnt, ist die Zeit günstig, die Zwiebeltunke zu kosten. Vielleicht warten Sie erst mal die Reaktion der anderen ab, bevor Sie zu dem Schluß kommen, daß Ricky sich zum Narren macht. Wenn sich eine lebhafte Unterhaltung über sein früheres Leben als König von Mesopotamien entspinnt, sind Sie es, die Komplexe hat, nicht Ricky. Wenn Sie ihm dazwischenfahren, stehen Sie als Spielverderberin da.

3. *Versuchen Sie es zu verhindern.* Wenn Sie befürchten, durch Partner wie Ricky oder Selma für den Rest Ihres Lebens blamiert zu werden, versuchen Sie, die Peinlichkeit im Keim zu ersticken. Lassen Sie Ihre provokante Partnerin ohne Feindseligkeit oder Herablassung im voraus wissen, was Sie sauer machen könnte. Sie wird Ihnen wahrscheinlich eher entgegenkommen, wenn Sie anerkennen, daß Sie in einem freien Land leben und sie machen kann, was sie will, aber …

»Selma, ich möchte nicht, daß die Leute heute abend einen falschen Eindruck von dir kriegen, also fall bitte nicht über meine Freunde her, o.k.?«

»Ricky, die Leute im Bridgeclub sind ein bißchen steif und förmlich, könntest du dich deshalb vielleicht mit Geschichten aus deinen früheren Leben zurückhalten, falls nicht jemand von sich aus darauf zu sprechen kommt?«

4. *Einfach zusehen und ruhig rot werden.* Bedenken Sie, daß nicht jeder *Ihrer* Gesellschaftsauftritte Sie zum Märchenprinzen oder zur -prinzessin macht. Und wenn es Ihnen Höllenqualen noch und noch bereitet – an Verlegenheit ist noch keiner gestorben.

Verabredungen, Freunde, Familie

Woran erkenne ich, ob meine Gefühle erwidert werden?

Sie erkennen es, wenn der Blick Ihrer Auserkorenen Sie trifft wie ein Laserstrahl. Sie gehen wie magisch angezogen aufeinander zu, vergessen die Zeit, vergessen den Ort, vergessen die Menschen ringsum. Sie murmeln im Chor: »Endlich haben wir uns gefunden.« Dann läuten die Hochzeitsglocken. Herzlichen Glückwunsch!

Zum Glück können Sie es auch an viel zarteren Zeichen erkennen. Menschen zeigen ihre Zuneigung durch bestimmte Signale.

Attraktion – Reaktion

1. *Sieht sie Sie öfter an als andere Menschen um sie herum?* Erwidert sie Ihren Blick, vielleicht gar mit einem Lächeln? In neun von zehn Fällen legt sie es darauf an, denjenigen, den sie in einer Gruppe von Leuten am meisten ansieht, zu beeindrucken. Vergräbt sie aber ihren Kopf in den Kartoffelchips, wenn Sie sie fragen, was sie von Ihrer gewagten neuen Krawatte hält, dann haben Sie keine Chance.

2. *Wirkt er nervös, wenn er Sie ansieht?* Zuckt er zusammen, wenn Sie zu ihm hinübersehen, und wendet sich rasch den Kartoffelchips zu? Dann ist er der eine von zehn Männern, der, obwohl er sich in Sie verguckt hat, Ihre Blicke nicht erwidert und Ihnen seinerseits nicht oft welche zuwirft. Von Natur aus schüchtern oder aus Angst, zu aufdringlich zu wir-

ken, führt er, der sich innerlich nach Ihnen verzehrt, sich auf, als könnten Sie ihm gefährlich werden.

3. *Geht sie auf Ihr Gespräch ein, selbst wenn es belanglos ist?* Die meisten von uns sind zu wohlerzogen, um sich gegenseitig zu beschnüffeln wie die Tiere. Wir sondieren das Terrain mit unserer Stimme. Wenn die Auserwählte auf Ihre Fragen antwortet, Kommentare abgibt und, besser noch, Ihnen ihrerseits Fragen stellt, dann haben Sie eine gute Startposition.

4. *Hört er richtig zu?* Aufmerksames Zuhören ist ein Zeichen, daß er das Gespräch gerne fortsetzen möchte. Kopfnicken, seltene Unterbrechungen und das Bemühen, die Unterhaltung in Gang zu halten, sind positive Signale. Behandelt er Sie wie Einstein, wo Sie ihm doch bloß Ihr altes Kabriolett beschreiben, dann haben Sie ihn an der Angel.

5. *Geht sie während der Unterhaltung auch ohne Worte auf Sie ein?* Je mehr ihr jemand gefällt, desto mehr paßt sie Körperhaltung, Gestik und Sprechweise der seinen an. Ein Forscher hat dieses Verhalten wiederholt in Single-Bars bei Menschen beobachtet, bei denen es gefunkt hatte. Wenn Mary aus ihrem Glas trank, trank John ebenfalls. Wenn John zu einer Melodie den Takt klopfte, fing auch Mary an, zum Rhythmus der Musik mit dem Fuß zu wippen.

Attraktionsbedingte Anpassungsweisen sind:

- die Stimme senken oder heben, um die Lautstärke an Ihre anzupassen
- langsamer oder schneller reden, um mit Ihrem Sprechtempo Schritt zu halten
- die Haltung verändern, um sie Ihrer anzugleichen
- sich hinsetzen, wenn Sie sich setzen

- aufstehen, wenn Sie aufstehen
- ähnliche Gesten oder Bewegungen machen
- gleichzeitig lachen
- im gleichen Rhythmus atmen

Bedaure, Sie sind nicht die Auserwählte, wenn …

- er davon redet, welche Leute auf der Party er unbedingt sprechen muß
- Sie Ihren ganzen Charme aufbieten und er trotzdem weiter die Chips in sich reinstopft
- er sehnsüchtig eine lebhafte Unterhaltung in drei Metern Entfernung beobachtet
- er den Eindruck macht, als wollte er jeden Moment losspurten
- er sich hinter eine baumhohe Zimmerpflanze flüchtet, wenn Sie versuchen, ihm in die Augen zu sehen

Ich stelle mich immer so ungeschickt an, wenn ich mich verabreden will

Schüchternen Teenagern wie jenen, die die Sechzig überschritten haben, ist meist eine Angst gemeinsam: Selbst diejenigen, die von ihrer Attraktivität überzeugt sind, plagt der Gedanke, wie sie die/den Auserwählte/n zum Jasagen überreden können oder wie sie einen kühlen Kopf behalten, wenn sie/er nein sagt. Bauchschmerzen, Herzflattern und Panik können uns befallen, wenn wir uns ins Zeug legen und dabei ein Wagnis eingehen. »Verabredungsphobie« ist kein zu starkes Wort für diejenigen, die lieber unter dem Alleinsein leiden, als einen Korb in Kauf zu nehmen.

Abhilfe beginnt in Ihrem Kopf. Einen selbstbewußten Draufgänger kennzeichnen drei Grundsätze: Erstens glaubt er, der Lohn ist das Risiko wert. Zweitens akzeptiert er, daß er nicht immer akzeptiert wird. Drittens weiß er, ein Nein bedeutet nicht, daß er ein abstoßender Widerling ist, mit dem keine Frau jemals etwas zu tun haben will, egal in welchem Rahmen.

Maxim, ein ehemaliger Schulfreund, wurde für meine Klienten zum Musterbeispiel eines Mannes, der den ersten Schritt nicht scheut. Der durchschnittlich aussehende junge Mann mit überdurchschnittlicher Beharrlichkeit rief ein Mädchen nach dem anderen an, manchmal zwanzig hintereinander, um sich fürs Kino zu verabreden. Seelenruhig strich er jedesmal einen Namen von seiner Liste, wenn er ein Nein zu hören bekam. Es machte mich traurig, als ich ihn eines Tages beim siebzehnten Versuch beobachtete, und ich fragte ihn: »Wie verkraften Sie das bloß, wenn ein Mädchen nach dem anderen ›vergiß es‹ sagt?« – »Das ist ganz einfach«, sagte er. »Ich kriege jede Menge Nein zu hören, aber ein einziges Ja genügt.« Und tatsächlich ist er unterdessen glücklicher Familienvater mit zwei Teenagern, die sich Maxims Maxime zweifellos zu eigen machen werden.

Maxims Maxime für Beharrlichkeit: ein einziges Ja genügt.

Um Ihre Verabredungsscheu zu überwinden:

1. *Machen Sie sich einen neuen Grundsatz zu eigen.* Belohnen Sie sich dafür, daß Sie einen Anfang gemacht haben, nicht dafür, wie viele Verabredungen Ihnen geglückt sind. Begin-

nen Sie gemächlich, indem Sie sichere Kandidaten fragen, Leute, die Interesse für Sie gezeigt haben, oder solche, in die Sie nicht verkanllt sind – noch nicht.

2. *Betrachten Sie das Sich-Verabreden mit Leuten als Lotterie.* Wenn Sie auf Stellensuche sind, erwarten Sie auch nicht, daß jeder, bei dem Sie ein Vorstellungsgespräch haben, gleich aus dem Häuschen ist. Wenn Sie an Wettläufen teilnehmen, wissen Sie, daß Sie nicht jedesmal gewinnen. Ergreifen Sie die Initiative, so oft Sie können, und schrauben Sie Ihre Erwartungen herunter. Ich will Sie nicht entmutigen, aber eine Zusagerate von zehn Prozent – eine von zehn, die Sie um eine Verabredung bitten, sagt ja – kann Ihnen zu einem ganz erfreulichen Gesellschaftsleben verhelfen. Sagt zumindest mein Experte Maxim.

Anmerkung: Es ist Ihr gutes Recht, Ihren Stolz zu pflegen. Wenn jemand Ihnen zweimal hintereinander einen Korb gibt, lassen Sie es gut sein, sonst werden Sie zur Nervensäge.

3. *Wählen Sie für Ihre Initiative die Methode, bei der Sie sich in Ihrer Haut wohlfühlen.*

- Die traditionelle Masche. Lassen Sie deutlich durchblicken, daß Sie flexibel sind, und schlagen Sie einen Termin vor.
  »Hat Spaß gemacht, jemanden mit demselben verschrobenen Humor kennenzulernen. Hätten Sie Lust, nächstes Wochenende mit ins Kabarett zu kommen?«
  »Pamela meinte, wir würden uns gut verstehen. Ich wollte Sie fragen, ob wir uns mal zum Kaffee treffen können. Das neue italienische Café am Bahnhofsplatz soll ganz gut sein.«
- Die Komplimentmasche. Verknüpfen Sie ein ernstgemeintes Kompliment mit der Bitte um eine Verabredung.
  »Ihre Bemerkungen zum Film sind so scharfsinnig. Würde Sie die Hepburn-Retrospektive dieses Wochenende interessieren?«

- Die Bescheidenheitsmasche. Tun Sie so, als erwarten Sie nicht, daß sie ja sagt, aber lassen Sie durchblicken, daß Sie ein Treffen mit ihr einfach super fänden. Das kann der Zielperson Ihrer Verabredungswünsche schmeicheln und ihr das Gefühl geben, etwas Besonderes zu sein. Übertreiben Sie ein bißchen, und vielleicht kriegen Sie sie herum, »klar, warum nicht« zu sagen.
  »Sie sind bestimmt bis 1999 ausgebucht, aber vielleicht haben Sie ja trotzdem irgendwann drei Minuten Zeit, um mit mir ein Eis zu essen.«
  »Sie sitzen sicher meistens am Computer und jonglieren mit Riesensummen, aber ich habe Karten für das Fußballspiel nächsten Dienstag.«
- Die Sie-sind-am-Ball-Masche. Sie zeigen Interesse, überlassen es aber ihr, nachzuhaken. Bedenken Sie jedoch, daß Sie dabei nicht immer die erhoffte Reaktion erhalten.
  »Wie wär's, wenn wir demnächst mal zusammen Mittagessen gehen?«
  »Hätten Sie Lust, mal ins Kino zu gehen?«
  Oder, wenn Sie sich draufgängerisch fühlen wie mein Freund, der flotte Eddie: »Wann wollen wir beide es mal anpacken?«

Ich werde nervös, wenn ich mich mit jemandem vom anderen Geschlecht unterhalte

Kaum reden wir mit jemandem, den wir attraktiv finden, und – schwups! – schon sind wir in einer enormen Streßsituation. Schließlich wollen wir Eindruck schinden, weil wir wissen, daß wir geprüft und möglicherweise nicht für gut befunden werden. Viele dieser körperlichen Streßsymptome wie Herzklopfen, schneller Atem, Schwindelanfälle und derartige Erstickungsgefühle, daß wir nicht sprechen können, treten auch auf, wenn wir gerade im Begriff sind, uns zu verlieben. Es könnte also sein, daß Nervosität die Begleiterscheinung eines vielversprechenden Anfangs ist.

Im Ernst, ein gewisses Maß an Streß kann bei Ihnen Charme, Energie und atemlose Aufmerksamkeit zutage fördern. Eine zu starke Dosis ist jedoch gefährlich. David fühlte sich beim Mittagessen mit Dolores in der Kantine durchaus sicher, aber als sie ihn für Samstagabend zu einem gemeinsamen Konzertbesuch einlud, geriet er in Panik. Die Vorstellung, sich mit Dolores zu verabreden, von der er sich nie hatte träumen lassen, daß sie ihm mehr sein könnte als eine gute Arbeitskollegin, ließ seinen Magen Purzelbäume schlagen. Er erwog, die Verabredung abzusagen und die Möglichkeit einer Partnerschaft sausen zu lassen, wenn ihm solche Qualen bevorstanden.

Hilfsmittel gegen Magenflattern

1. *Respektieren Sie Ihre Reaktion.* Sie haben keinen Sprung in der Schüssel. Es ist normal, daß Sie hinsichtlich Ihrer Ausstrahlung und Wirkung unsicher sind und sich besorgt fragen, wie ein Gespräch oder eine Verabredung laufen wird. Möglicherweise schrauben Sie jedoch Erwartungen oder Phantasien hoch, die Ihre Aufregung nähren. Enthalten Sie sich dieser nicht eben hilfreichen Gedanken:

- Ich weiß, sie ist die Richtige. Obwohl Sie bis jetzt nichts weiter verbindet als eine harmlose Plauderei in der Schlange beim Kaufmann?

- Ich befürchte, er kann mich nicht leiden. Hoppla, Sie haben sich doch eben erst kennengelernt. Und wenn er nicht reagiert, können Sie trotzdem in Würde überleben. Jeder Mensch bekommt dann und wann einen Korb, und nicht mal Elizabeth Taylor in hundert Prozent aller Fälle den Mann, den sie wollte.
- Ich mache mich lächerlich. Sie wird merken, wie nervös ich bin. Erstens, Sie haben Ihr Handeln in der Hand. Zweitens, Nervosität kann auf manche durchaus anziehend wirken.

David merkte, er hatte Angst, Dolores zu enttäuschen, sobald sie ihn außerhalb des Arbeitsplatzes erleben würde. Er machte sich klar, daß es in allen Beziehungen unerläßlich ist, die Schwächen des anderen kennenzulernen, daß er Dolores am Ende alles andere als verklärt finden und daß er, sollte sie ihm einen Korb geben, verletzt sein, aber überleben würde.

2. *Verscheuchen Sie Ihre Scheu.* Es hat keinen Sinn, mit den extremsten Zweisamkeitssituationen anzufangen, wenn Sie sich anschließend mies fühlen, weil Sie es nicht gepackt haben oder nicht gut angekommen sind. Bedenken Sie, daß es zwar kurzfristig Erleichterung, aber langfristig immer Kummer bringt, einer Situation aus dem Weg zu gehen. Um Ihre Nerven zu stärken, tasten Sie sich die folgende Aktionsleiter hinauf oder stellen Sie Ihre eigene auf:

- eine Person vom anderen Geschlecht grüßen
- ein Gespräch anfangen
- anrufen, nur um zu quatschen
- eine harmlose Verabredung treffen (zum Kaffee oder auf einen Drink)
- um ein Rendezvous bitten
- bei einem Rendezvous ein Gespräch beginnen und in Gang halten
- zuerst Händchen halten, dann einen Kuß und dann …

David fand es besser, Dolores zunächst einmal außerhalb der

Arbeit zu treffen und dadurch Sicherheit zu gewinnen, bevor er für eine Samstagsabendverabredung bereit war. Er fand eine Ausrede, um die Konzerteinladung abzusagen, schlug aber vor, sich statt dessen nach der Arbeit zum Essen zu treffen. Vor diesem gemeinsamen Essen malte er sich aus, wie gut er es hinkriegte – und das gelang ihm dann auch.

3. *Trainieren Sie Körperbeherrschung.* Auch wenn Sie ein Rendezvous vielleicht nicht so entspannend finden wie einen Tag am Strand, können Sie lernen, Ihr Unbehagen zu meistern. Hier sind einige hilfreiche Methoden.

- Tief und entspannt atmen. Ungleichmäßiges Atmen ist eines der am leichtesten beherrschbaren Streßsymptome. Legen Sie eine Hand auf den Bauch, dehnen Sie ihn beim Einatmen aus, und lassen Sie ihn beim Ausatmen los. Halten Sie jedes Ein- und Ausatmen drei Sekunden lang. Zählen Sie beim Atmen dann leise »ruhig, zwei, drei«. Zugleich mit der Vorstellung vom Gelingen übte David mehrere Tage vor dem großen Ereignis entspanntes Atmen. Ergebnis: mehr Sicherheit, keine Bauchschmerzen, und die Unterhaltung verlief ganz ähnlich wie sonst in der Mittagspause.
- Unsichtbare Spannung. Pressen Sie vor oder während Ihrer Streßsituation Daumen und Mittelfinger fest zusammen. Damit können Sie Ihre Spannung kontrollieren und lösen.
- Gesunde Gewohnheiten. Koffein und Nikotin verschärfen bei manchen Leuten die Streßreaktion. Auch wenn Alkohol Sie scheinbar auflockert – in Gesellschaft nervöse Menschen sind anfälliger für Alkoholabhängigkeit. Körperliche Anstrengung ist eine gesündere Methode zur Spannungsreduzierung.
- Gelassene Haltung. Drücken Sie mit Ihrer Körperhaltung Zuversicht aus. Oft fühlen Sie sich bald so, wie Sie sich geben, und Ihre auserwählte Seelengefährtin fängt nicht so viele Signale Ihrer Nervosität auf.

Anmerkung: Wenn die körperlichen Symptome überhand nehmen, suchen Sie einen Spezialisten für Streßreduktion und Bewältigung von Berührungsängsten auf.

Man sagt, ich gehe zu rasant ran

Wenn es bei Ihren Verabredungen öfter zu atmosphärischen Störungen kommt, sollten Sie die Intensität Ihrer Ausstrahlung ein wenig dämpfen. Die Menschen möchten umworben, nicht überwältigt werden. Sie müssen genügend Interesse zeigen, um ihres anzuregen, aber nicht so viel, daß sie nach Luft schnappt.

Bob suchte mich auf, nachdem Holly, die Frau, von der er sicher war, daß sie die »einzig Wahre« sei, ihm unverblümt gesagt hatte, er solle verduften. Als ich Bob fragte, was sie provoziert habe, erwiderte er, er habe ziemlich erfolglos einen abgewandelten Spruch von Woody Allen anzubringen versucht. Beim ersten Eisbecher hatte Bob Holly gestanden: »Ich möchte gern der Vater Ihrer Kinder sein.«

Wie Holly lieben es die meisten Singles ein bißchen behutsamer. Als sechshundert Studenten die Wirksamkeit von Einleitungssätzen zu bewerten hatten, wählten sie folgende, von Bescheidenheit kündende Formulierung zum Spitzenreiter: »Ich bin ein bißchen verlegen, aber ich würde mich gern mal mit Ihnen treffen.« Fast ganz unten auf der Liste stand die unverfrorene Frage: »Bei dir oder bei mir?«

Es ist einfach zu viel, wenn Sie folgendes sagen oder tun:

- Ihm sagen, er sei das absolut Höchste (der absolut Bestaussehende, Kreativste, Lustigste, dem Sie je begegnet sind), wenn Sie sich eben erst kennengelernt haben.
- Ihr unverwandt wie verrückt ins Gesicht starren, wenn sie auch anderen Blicke zuwirft.
- Sich laut fragen, ob er wohl irgendwelche verborgenen Tätowierungen hat, noch bevor Sie überhaupt seine Hand gehalten haben.
- Die Vorteile der gemeinsamen Steuerveranlagung zur Sprache bringen, bevor Sie sich über die Teilung der Restaurantrechnung geeinigt haben.
- Dreimal öfter als er Verabredungen vorschlagen, anrufen, Gespräche anfangen.
- Rosen und Pralinen schicken, während sie Ihnen etwa diese Botschaften schickt:
  »Wir haben uns gerade erst kennengelernt.«
  »Oje!«
  »Immer ein Schritt nach dem anderen, ja?«
  »Sie sind mir zu schnell.«
  »He, sind Sie der Typ, der mir immer Blumen schickt?«

Leisere Töne spucken, damit die Verbindung länger hält

1. *Keine vorzeitige Intimität.* Mit Ausnahme des höchst seltenen Falles, wenn Blicke und Leben sich wirklich à la Romeo und Julia ineinander verhaken, brauchen die meisten Beziehungen Zeit, um sich zu entwickeln. Sagen Sie nicht, daß sie beide füreinander bestimmt sind, wenn Sie noch kaum etwas zusammen unternommen haben.

Bob hätte Holly mehr mit einem Gespräch über Lieblingseissorten imponiert als mit seinem Wunsch, Vater ihrer Kinder zu werden.

2. *Distanz halten.* Sie braucht – buchstäblich – Raum, um zu entscheiden, ob sie Ihnen näherkommen möchte (oder nicht). Halten Sie körperlich Abstand von mindestens dreißig Zentimetern, und überlassen Sie es ihr, langsam näherzurücken. Holly war es unangenehm, als Bob sich zu ihr herüberbeugte, um von ihrem Eis zu kosten.

3. *Keine verbalen Handschellen.* Wenn Sie an persönlichen Gesprächen interessiert sind, stellen Sie zunächst sich selbst, nicht die Beziehung, in den Mittelpunkt.

Sagen Sie nicht: »Können wir nicht diesen Sommer gemeinsam zu den Freiluftkonzerten gehen?«

Versuchen Sie es mit: »Ich gehe schrecklich gerne auf Freiluftkonzerte.«

Stellen Sie Fragen, bei denen er sich nicht überfallen oder betreten fühlt.

Sagen Sie nicht: »Sind Sie an einer festen Beziehung interessiert?«

Versuchen Sie es mit: »Wie sollte eine Beziehung Ihrer Meinung nach denn sein?«

Komplimente sind etwas Schönes, aber machen Sie sie zu einem Spezial-, nicht zu einem Überfall.

Sagen Sie nicht: »Ich kann's einfach nicht lassen, Ihnen in die Augen zu sehen.«

Versuchen Sie es mit: »Sie haben herrliche grüne Augen.«

Abgemilderte Fragen können ihr die Befangenheit nehmen, wenn es an der Zeit ist, über Sie beide zu sprechen.

»Sie müssen mir nicht antworten, aber was meinen Sie – ob wir uns verstehen?«

»Ich hoffe nicht, daß ich Sie in Verlegenheit bringe – ich wüßte gern, ob Sie mich so gern haben wie ich Sie.«

»Ich möchte Sie etwas fragen und hoffe, Sie nehmen es

mir nicht übel. Was meinen Sie, sollen wir uns weiterhin treffen?«

Wie komme ich dahinter, ob jemand verheiratet oder ledig ist?

Stefan war weniger schüchtern als vielmehr ungeschickt, wenn er sich mit Frauen verabreden wollte. Kaum lernte er eine Frau kennen, die ihm gefiel, platzte er mit dem Erstbesten heraus, das ihm in den Sinn kam – mit nicht eben glücklichem Resultat. Als er einmal eine EDV-Beraterin kommen ließ, um seine Kundenliste auf Computer umzustellen, plauderte er eine Weile mit ihr, dann faßte er sie am Arm und sagte: »Susan, Sie gefallen mir sehr. Wollen Sie Freitagabend mit mir essen gehen?« Susan wurde rot, bedachte ihn mit einem eigenartigen, langen Blick und erwiderte: »Ich denke, wir sollten es bei einer geschäftlichen Verbindung bewenden lassen.«

Als er Wochen später erfuhr, daß Susan verheiratet war, wurde er puterrot, weil er sie beide in Verlegenheit gebracht hatte. Um eine Wiederholung zu vermeiden, beschloß Stefan, erst einmal herauszufinden, ob eine Frau verheiratet war. Aber wie?

Jemandes Familienstand auskundschaften

1. *Lassen Sie einen anderen den Detektiv spielen.* Betrauen Sie eine befreundete, in gesellschaftlichem Umgang sichere Person mit der Aufgabe herauszufinden, ob der oder die Ge-

heimnisvolle noch offen ist für Verabredungen oder eine Beziehung. Natürlich müssen Sie sich vorsehen, wenn Ihr Freund besonders charmant ist. Auf einer Konferenz, an der Stefan mit seinem Freund Ed teilnahm, schickte Stefan Ed los, um sich über eine Frau kundig zu machen, die Stefan mehrmals über den Gang des Konferenzsaales hinweg angelächelt hatte. Zehn Minuten später winkte Ed ihn herüber und stellte ihm Priscilla vor, die Stefan kurz zunickte und sich dann wieder Ed zuwandte. Armer Stefan! Priscilla war zu haben gewesen, aber Ed war ihm zuvorgekommen.

2. *Selbst Detektiv spielen.* Folgen Sie der mysteriösen Person nach Hause, und prägen Sie sich den Namen an der Türklingel ein. Rufen Sie unter der entsprechenden Telefonnummer an, und achten Sie auf Hinweise im Text des Anrufbeantworters. Tun Sie so, als seien Sie von einer Firma. »Legen Sie Wert darauf, in unsere Adressenkartei aufgenommen zu werden?« Oder rufen Sie an und fragen Sie, ob Sie »Frau Sowieso« sprechen können. Oder Sie fragen: »Könnte ich Ihren Mann sprechen?«

3. *Verdeckt ermitteln.* Beziehen Sie sich im Lauf eines Gesprächs auf den »Gatten« Ihrer Auserwählten. Sie wird vermutlich korrigieren, wenn sie ledig ist.

Er: »Schätze, Sie und Ihr Mann nutzen es aus, daß Sie so dicht an einem Skigebiet wohnen.«

Sie: »Ich schon, aber ich habe keinen Mann.«

Oder bringen Sie das Thema »gebunden«/»ungebunden« zur Sprache. Aller Wahrscheinlichkeit nach wird sie daraufhin einen aufschlußreichen Hinweis fallen lassen.

Er: »Tanzkurse machen bestimmt mehr Spaß, wenn man mit einem festen Partner hingeht. Ich weiß nicht, ob ich mich da als Alleinstehender wohlfühlen würde.«

Sie: »Ich weiß, was Sie meinen. Als ich noch ein Single war, mochte ich nicht mal allein ins Kino gehen.«

4. *Direkt fragen.* Gegen Direktheit ist nichts einzuwenden, denn nur so können Sie abstecken lernen, wie weit Sie gehen dürfen.

»Ich würde Sie gerne näher kennenlernen. Darf ich fragen, ob Sie gebunden sind?«

»Ich möchte nicht unverschämt sein, aber ich hätte zu gern gewußt, ob Sie verheiratet sind?«

Und für die Mutigeren unter Ihnen:

»Besteht demnach Hoffnung, daß wir uns mal treffen?«

»Sagen Sie mir, daß Sie ungebunden sind, und ich bin überglücklich.«

Wie bringe ich eine schüchterne Person dazu, offener zu werden?

Wer von uns weiß nicht, wie einem schüchternen Menschen zumute ist. In einer von dem Psychologen Philip Zimbardo (Universität Stanford) durchgeführten Studie gaben achtzig Prozent der Befragten an, das eine oder andere Mal in ihrem Leben schüchtern gewesen zu sein. Jerome Kagan (Universität Harvard) hat festgestellt, daß die »von Natur aus Schüchternen«, etwa zehn bis zwanzig Prozent der Bevölkerung, schon im Kindesalter physisch und emotional sehr intensiv auf Fremde reagierten. Diese Menschen erstarren meistens angesichts einer Streßsituation unter anderen Menschen und sind zu einem unverkrampften gesellschaftlichen Umgang außerstande.

Bedenken Sie, daß es für Schüchterne nichts Nervenaufreibenderes gibt als eine erste Begegnung mit jemandem vom anderen Geschlecht. Je stärker die Attraktion, desto stärker tatsächlich die schüchterne Reaktion. Ricarda schenkte Herby in einem kleinen Café, wo beide regelmäßig die Mittagspause verbrachten, jedesmal ein Lächeln. Herby warf Ricarda einen kurzen Blick zu, dann beugte er sich nervös über seinen Taschenrechner und tippte Zahlen ein. Ricarda hätte sich gerne mit ihm unterhalten, spürte aber, daß er beim bloßen Versuch ihrerseits, belanglos zu plaudern, die Flucht ergreifen würde. Wird sie sich jemals mit Herby anfreunden? Es besteht Hoffnung, wenn sie den Schüchternen zu schonen weiß.

Zehn Tips, Reservierte aus der Reserve zu locken

1. Sachte vorgehen, nicht rasant.
2. Warm sein, nicht heiß. Übermut tut selten gut.
3. Bleiben Sie auf Ihrer Tischseite. Nicht berühren!
4. Sprechen Sie anfangs mehr über sich selbst.
5. Stellen Sie zu Beginn einfache Fragen.
Versuchen Sie es mit: »Arbeiten Sie hier in der Nähe?« statt mit »Was halten Sie von der Weltsicht, wie sie in Dantes ›Inferno‹ ausgedrückt wird?«
6. Achten Sie auf zarte Anzeichen von Interesse – ein zaghaftes Lächeln, ein rasches Kopfwenden in Ihre Richtung, eine mehr als zweisilbige Antwort.
7. Machen Sie sich klar, daß Schüchternheit kein Snobismus ist. Obwohl es schüchternen Menschen schwerfällt, zu reagieren, wissen die meisten Ihr Interesse und Ihre Bemühungen, mit ihnen Kontakt aufzunehmen, zu schätzen.
8. Machen Sie keine Bemerkungen über ihre Schüchternheit oder ihr Benehmen überhaupt. Sie fragt sich besorgt, welchen Eindruck die Leute von ihr haben, und würde sterben wollen, wenn man sie schüchtern nennen würde.

9. Offenbaren Sie Ihre Gefühle. Sprechen Sie über ein paar Ihrer eigenen Probleme, und warten Sie ab, wie sie reagiert.
»Da ich aus einer Kleinstadt stamme, habe ich manchmal Mühe, mit dem Großstadttempo Schritt zu halten.«
10. Bitten Sie um Rat. Das lockt Schüchterne vielleicht aus ihrem Bau heraus und in Ihren hinein.
»Kennen Sie ein gutes exotisches Restaurant in dieser Gegend?«
O.k., ein letzter noch!
11. Nicht aufgeben, wenn sie schüchtern ist. Gewöhnlich rate ich, jemandem dreimal eine Chance zu geben, mit Ihnen ins Gespräch zu kommen. Wenn Sie jedoch nur Grunzen und einsilbige Antworten ernten, vergessen Sie's. Aber wenn Sie verliebt und überzeugt sind, daß es bei Ihrem Gegenüber Schüchternheit ist und nicht mangelndes Interesse, dann bleiben Sie am Ball.

Alle schätzen mich – als Freund

Martin, ein vertrauenerweckend aussehender Mann von neunundzwanzig Jahren, hatte seine ewige Rolle als guter Freund gründlich satt. Die Frauen schätzten seine besonnenen Ratschläge und seine Fähigkeit zuzuhören, aber er wünschte sich oft, sie würden mehr von ihm wollen. Um so frustrierender war es, als seine weiblichen Bekannten sich mit Männern einließen, die er als »weit weniger qualifiziert« für eine Beziehung ansah, als er es seiner Ansicht nach war. Martin mochte es, gemocht zu werden, aber noch lieber wäre er die Hauptfigur in einer Romanze gewesen.

Unglücklicher- oder glücklicherweise haben die Forscher nicht alle Geheimnisse der sexuellen Anziehungskraft des Menschen aufgedeckt. Eine feste Vorstellung von dem, was gutes Aussehen ausmacht, die Stimmung eines Gegenübers bei der Begegnung, Geruch, Klang der Stimme, Berührung, etwas, das einen an jemand anderen erinnert – all diese Faktoren spielen bei der Partnerwahl allzuoft eine entscheidende Rolle. Aber ob Sie als potentieller Liebhaber oder nur als Kumpel in Frage kommen, kann davon abhängen, wie geschickt Sie den »Flirtfaktor« plazieren.

Vier Möglichkeiten, eine Romanze zu entfachen

1. *Zum Leben erwachen.* Menschen fühlen sich von einem Gegenüber angezogen, dessen Gesicht beim Zuhören und Sprechen bewegt und veränderlich ist. Wenn Sie eine starre oder undurchdringliche Miene in ausdrucksvolle Wärme verwandeln, ist es viel angenehmer, Sie anzusehen. Wechselnde Stimmlage und Lautstärke statt Monotonie sind ebenfalls förderlich. Notfalls üben Sie zu Hause vor dem Spiegel.

2. *Sich mit dem Gegenüber in Einklang bringen.* Sie sind dann auf ihrer Wellenlänge, wenn Ihre Gestik, Mimik und Körperhaltung den ihren entsprechen. Sie dürfen aber eine Person, für die Sie sich interessieren, keineswegs imitieren und quasi ihr Spiegelbild abgeben nach dem Motto: »Aha. Sie hat gerade den kleinen Finger in einem Winkel von fünfzehn Grad gespreizt. Ich hole meinen Winkelmesser und mach's ihr nach.« So machen Sie sich allenfalls lächerlich. (Zu Verhaltensweisen, die Interesse signalisieren, vgl. auch das vorige Kapitel: ›Wie bringe ich eine schüchterne Person dazu, offener zu werden‹, S. 117ff.)

3. *Knüpfen Sie Kontakt, aber seien Sie ein bißchen zu-*

geknöpft. Sie sollen lächeln, nicht bloß die Mundwinkel hochziehen. Lassen Sie Ihr ganzes Gesicht, besonders die Augen, Wärme zeigen. Stellen Sie Fragen, und hören Sie sich die Antworten aufmerksam an. Setzen Sie sich näher an sie heran als sonst, beugen Sie sich zu ihr, und berühren Sie sie – flüchtig und an unverfänglichen Stellen wie Hand, Arm, Schulter.

Zeigen Sie Interesse, ohne sich zu sehr ins Zeug zu legen. Machen Sie Gesprächspausen, damit Ihr Gegenüber Gelegenheit für eine Gegenfrage hat. Schauen Sie weg, und spornen Sie sie dadurch an, sich erneut um Ihre Aufmerksamkeit zu bemühen. Denken Sie daran, daß viele Menschen jemanden attraktiv finden, der geheimnisvoll ist, also beherrschen Sie Ihren Drang nach einer sofortigen engen Verbindung.

Die Frauen waren gerne mit Martin zusammen, weil sie sich gut mit ihm unterhalten konnten und er ein nie versiegendes Interesse zeigte für das, was die betreffende Frau dachte und fühlte. Aber wir kamen überein, daß er sein Engagement ein bißchen abkühlen mußte, um ihre Temperatur ansteigen zu lassen.

4. *Zeigen Sie ihr, daß Sie sie mögen.* Martin fragte seine Arbeitskolleginnen, warum so viele von ihnen rot wurden, wenn Julio, ein Mann von – nach Martins Meinung – durchschnittlichem Aussehen, an ihren Schreibtischen vorüberging und Hallo sagte. Er erfuhr, daß Julio Herzklopfen verursachte, weil er es verstand, unerwartete Komplimente zu machen. Martin mußte dies und andere Konversationstaktiken, die jemandem das Gefühl geben, etwas Besonderes zu sein, erst einmal lernen.

- Kompliment: Erwähnen Sie etwas, das Ihnen an ihrer Erscheinung, Haltung oder Sprechweise aufgefallen ist.
  »Ich habe was übrig für ausgefallene Broschen. Wetten, Sie sind ein kreativer Mensch.«

»Sie scheinen von Ihrer Arbeit begeistert zu sein. Das hört man nicht von vielen Menschen.«
»Sie sind seit langem der erste Mensch, den ich treffe, der mich nicht in den ersten zwei Minuten nach meinem Beruf gefragt hat.«

- Hüten Sie sich, besonders am Arbeitsplatz Komplimente zu machen, die als unsittlich verstanden werden könnten, wie etwa: »Ihre Beine sehen heute aber hübsch aus.«
- Merken Sie sich Einzelheiten: Sie wird geschmeichelt sein, wenn Sie sich nach Dingen erkundigen, die ihr wichtig sind, und später darauf zurückkommen. Mein Mann beeindruckte mich bei unserer zweiten Verabredung, weil er sich die Namen meiner Nichten gemerkt hatte, ganz zu schweigen von den Namen ihrer Puppen, die er auf einem Foto gesehen hatte.
  Martin konnte sich mühelos mit Frauen über Politik unterhalten, aber als er sich die Mühe machte, zu erfahren, wann die eine mit ihrem Hund Gassi ging oder was für eine Geschichte jeder einzelne ihrer Ringe hatte, bekam er eine sensationelle Reaktion, wie er sie nie zuvor von einer Frau erhalten hatte.
- Fragen Sie sie nach ihrer Meinung: Die Menschen fühlen sich geschmeichelt, wenn Sie ausgerechnet bei ihnen Rat suchen, vor allem in Dingen, über die Sie nicht mit jedem sprechen.
  »Meinen Sie, ein Hemd in dieser Farbe würde mir stehen?«
  »Was meinen Sie, soll ich mit dem Club Med Urlaub machen oder lieber eine Kreuzfahrt buchen?«
- Legen Sie Gefühle offen – aber vorsichtig: Eröffnen Sie ihr nicht aus heiterem Himmel, daß sie die Liebe Ihres Lebens ist, sondern deuten Sie behutsam an, daß diese Möglichkeit besteht. Lassen Sie ein, zwei Sätze fallen, die besagen, was Sie empfinden.

»Das war ein schöner Nachmittag heute.«
»Es ist jedesmal ein Vergnügen, sich mit Ihnen zu unterhalten.«
»Es ist toll, jemanden kennenzulernen mit denselben Wertvorstellungen wie ich.«

- Bringen Sie Spaß in die Sache: In einer fröhlichen Atmosphäre ist der Flirt schon halb gewonnen. Wenn eine oder zwei erfolgreiche Verabredungen hinter Ihnen liegen, schieben Sie etwas Amüsantes nach. Sammeln Sie Ideen: Fotokopieren Sie Ihre Lippen und signieren Sie sie, rufen Sie sie an, um ihr einen Witz zu erzählen, den Sie gehört haben, oder schicken Sie ihr im August einen Valentinsgruß.

Mir scheint, ich bestreite alle Gespräche allein

Geschieht dies zu Beginn einer Bekanntschaft, dann kann Ihr stärkeres Engagement ein Zeichen dafür sein, daß das Interesse auf Ihrer Seite größer ist; denn nicht zu reagieren ist eine beliebte Methode, jemandem mitzuteilen: »Vergiß es!« Wenn dies für all Ihre Gespräche beziehungsweise für Ihre Gespräche mit immer derselben Person zutrifft, dann haben Sie es mit einem sogenannten unausgewogenen Verhältnis zwischen Sprechen und Zuhören zu tun. Entweder sind Sie dermaßen dominant, daß sie kein Wort anbringen kann, oder Sie haben eine Gesprächspartnerin gefunden, die entweder wortkarg oder eine ausnehmend gute Zuhörerin ist. Als Hauptträger der Unterhaltung machen Sie möglicherweise den Eindruck, egozentrisch oder ein schlechter Zuhörer zu sein. Befriedigende Beziehungen dagegen weisen im Verlauf der

Gespräche unter den Partnern eine zeitliche Ausgewogenheit zwischen Reden und Zuhören auf.

Hat sich bei den Gesprächspartnern erst einmal gegenseitiges Einvernehmen eingestellt, kommen oft geschlechtsbedingte Faktoren ins Spiel. Entgegen der allgemeinen Annahme sind Frauen nicht das geschwätzigere Geschlecht. Nicht nur, daß Männer mehr und länger reden, die Frauen lassen sie meistens auch ohne viele Unterbrechungen gewähren. Gesprächige Männer mögen beklagen, daß eine Frau nicht viel zu sagen hätte, dabei hat sie bloß keine Lust, sich das Terrain zu erkämpfen.

In innigen Beziehungen übernehmen oft die Frauen die Gesprächsführung. Um die Unterhaltung in Gang zu halten, benutzen sie Aufmerksamkeitserreger wie »sag, hast du schon gehört …?« und stellen etwa fünfmal so viele Fragen wie die Männer. Frauen hoffen, daß diese Mühe sich auszahlt und das Gespräch eine engere Bindung schafft.

Wenn die Gesprächs-Überstunden Sie erschöpft haben, brauchen Sie Zeit zum Entspannen und Erholen. Nehmen Sie es eine Weile locker, und Sie sind auf dem besten Wege zu einem weniger strapaziösen Gesprächsstil.

Wie man Konversationsurlaub macht

1. *Erkunden Sie das Terrain.* Untersuchen Sie Ihre Gespräche mit dem anderen Geschlecht auf bestimmte Verhaltensmuster hin. Achten Sie auf folgende verbreitete Ursachen von Unausgewogenheit.

Männer:

- zu Beginn der Bekanntschaft stets die Initiative ergreifen;
- sich durch schier endlose Ausführungen als Experte erweisen müssen;

- durch Humor und Geschichten unterhaltsam sein müssen.

Frauen:

- einseitige Preisgabe; zu Beginn der Bekanntschaft auf persönliche Informationen erpicht sein;
- häufige Annäherungsversuche, um ihn zum Reden zu verleiten;
- sich auf das verlegen, worüber er reden will, und dabei Themen opfern, die Ihnen wichtig sind.

2. *Seien Sie im Gesprächsverlauf weniger angestrengt, machen Sie mehr Pausen.* Weil Sie sich für das Gelingen eines Gesprächs verantwortlich fühlen, lassen Sie Ihre Partnerin nicht zum Zuge kommen. Verlassen Sie sich darauf: Weder das Gespräch noch die Welt wird platzen, wenn Sie sich weniger anstrengen. Kappen Sie folgende Verhaltensweisen um die Hälfte:

- Themen anschneiden
- Fragen stellen
- einspringen oder den Faden aufnehmen, wenn mal Pause ist
- ausführliche Entgegnungen

3. *Und jetzt Gas weg und runterschalten.* Versuchen Sie, sich wenigstens von einem Teil Ihrer Gesprächslast zu befreien. Wenn Sie sich weniger anstrengen, sehen sich Ihre Gesprächspartner eher veranlaßt, aufzudrehen und sich ihrerseits mehr anzustrengen. Hier ein paar Ideen:

- Schneiden Sie, kaum daß es mal still ist, nicht gleich ein neues Thema an, und stellen Sie keine Frage. Am Ende wird Ihr Gegenüber es tun. Lassen Sie fünfzehn Sekunden verstreichen – für viele Leute eine unerträglich lange Pause –, bevor Sie das Wort ergreifen.
- Machen Sie nach Bemerkungen und Fragen eine längere Pause. Ihre Partnerin hat vielleicht ein anderes Tempo als Sie und braucht deshalb mehr Zeit, um das Thema aufzugreifen.

- Sehen Sie auf die Uhr. Wählen Sie Ihren Platz so, daß Sie eine Uhr im Blick haben, und sprechen Sie, wenn Sie am Zuge sind, nie länger als dreißig bis fünfunddreißig Sekunden.

Ich wünschte, ich wäre bei Verabredungen ein besserer Unterhalter

Das tiefsinnigste Zwiegespräch hilft nichts, wenn die Chemie nicht stimmt; trotzdem kann es nie schaden, wenn Meinungen und Ausdrucksweise übereinstimmen. Gerd hatte zahlreiche Freunde beiderlei Geschlechts und konnte bei ausgedehnten Mittags- und Abendmahlzeiten zwanglos plaudern. Doch wenn er mit einer Frau verabredet war, wog Gerd jedes Wort ab, das ihm über die Lippen kam, aus Angst, er könnte dumm oder albern wirken. Er verwendete so viel Zeit darauf, seine Äußerungen zu verwässern, daß er sich selbst als langweiligen Gesprächspartner bezeichnete. Wie so viele von uns benötigte Gerd eine Auffrischung in tête-à-tête-Grundbegriffen.

So kommen Sie zu Kommunikationscharisma

1. *Geben Sie ihr das Gefühl, großartig zu sein.* Die besten Gesprächspartner sind bekanntlich auch aufmerksame Zuhörer, und sie sorgen dafür, daß ihre Gegenüber sich bei der Unterhaltung wohlfühlen. Als der Talkmaster Johnny Carson nach neunundzwanzig Jahren Abschied vom Fernsehen nahm, beschrieben seine Gäste seinen Charme folgendermaßen:

»Er bringt dich dazu, Sachen zu sagen, die dich klug erscheinen lassen.« (Tony Randall)

»Er ist ein liebenswerter Interviewer und rückt seine Gäste in ein gutes Licht.« (Morgan Fairchild)

»Mit Carson zusammensein, das ist wie mit jemandem zusammensein, der sagenhaft im Bett ist.« (Mariette Hartley)

2. *Seien Sie anregend, nicht langweilig.* Füttern Sie Ihren »Konversationscomputer« mit interessanten Gesprächsthemen. Hier einige Vorschläge:

- Halten Sie sich über aktuelle Ereignisse und Themen auf dem laufenden – und beziehen Sie Stellung zu Kontroversen.
- Lernen Sie mehr über die andere Hälfte der Menschheit – abonnieren Sie Zeitschriften, die sich an das andere Geschlecht wenden.
- Geben Sie ruhig ein bißchen an. Tragen Sie ein Bild mit einem Autogramm Ihrer Lieblingssängerin bei sich oder eine kostbare alte Münze, um ganz lässig seine oder ihre Aufmerksamkeit zu fesseln.

3. *Seien Sie ein flexibler Unterhalter.* Eintönigkeit macht auch das beste Gespräch kaputt. Die Stimmung während der Unterhaltung kann sich von konzentriert bis komisch bewegen, die Themen können von emotional bis abstrakt reichen. Begabte Unterhalter sind unberechenbar und nicht wie Gerd zu sehr darauf bedacht, auf Nummer Sicher zu gehen. Diese Stützen bereichern die Konversation um eine Dimension:

- Berichten Sie von Erlebnissen. Erzählen Sie persönliche Geschichten und Anekdoten, je fröhlicher, furchterregender oder unheimlicher, desto besser. Wie wär's mit der Geschichte, wie Sie die ganze Stadt auf den Kopf gestellt haben, um das Lotterielos mit der Gewinnummer zu finden, das Sie weggeworfen hatten? Wenn Sie Ihre Geschichten zum Üben erst mal einem Arbeitskollegen erzählen, bevor

Sie es damit beim Rendezvous probieren, werden Sie Pointen und Pausen sicher richtig plazieren.

- Beziehen Sie Stellung. Sie wirken interessanter, wenn Sie Ihre persönliche Meinung deutlich darlegen, indem Sie bei Diskussionen sagen: »Ich habe das Gefühl …«, »ich glaube …«, »ich finde nicht, daß …«, statt bloß, um nett zu sein, immer beizupflichten. Auf die Frage, was sie an ihren Partnern anzog, antworten die Leute gewöhnlich: »Er war anders«, und nicht: »Sie war wie alle anderen.« Beachten Sie aber: Eine allzu unumstößliche Meinung zu haben bedeutet, Sie sprechen ihm oder ihr das Recht ab, anders zu denken als Sie.
- Zeigen Sie verschiedene Seiten von sich. Bringen Sie im Laufe Ihrer Verabredungen die ganze Skala Ihrer Persönlichkeit zum Ausdruck. Gerd erkannte, daß er die wilden und verrückten Anwandlungen, die ihn bei seinen Freunden so beliebt machten, zu lauwarmer Liebenswürdigkeit abschwächte. Als er aber seine neue weibliche Bekanntschaft zu einem Spaziergang im Regen aufforderte, wußte er, daß er auf dem besten Wege war, seine verrücktere Seite bloßzulegen.

Zeigen Sie sich von Ihren besten Seiten? Kreisen Sie auf folgender Liste fünf Charakterzüge ein, die Sie eine Bekannte/einen Bekannten gerne sehen lassen möchten. Denken Sie an Ihre letzte Verabredung, und versuchen Sie sich zu erinnern, welche Ihrer Seiten Sie dabei gezeigt haben. Planen Sie anschließend, welche andere Seite Sie nächstes Mal hervorkehren möchten.

abgeklärt	nachdenklich
analytisch	philosophisch
aufmerksam	schlau
eigenwillig	spaßig
erfahren	spontan

erfolgreich
ernst
flexibel
gescheit
hilfsbereit
intuitiv
komisch
kraftvoll
kreativ
mitfühlend
taktvoll
tolerant
übersprudelnd
unbeschwert
verletzlich
willensstark
witzig
zielstrebig
zurückhaltend

Wie kann ich mich bei einer Verabredung gegen sexuelle Annäherungen wehren?

Ellen bat Bruce nach einem lustigen Abend, den sie Lieder schmetternd in einer Karaoke-Bar verbracht hatten, noch mit zu ihr zu kommen. Sie wollte Bruce näher kennenlernen und ergründen, ob er sie attraktiv fand. Sie sagte ihm – und das war die Wahrheit –, daß sie ihre neue Capuccinomaschine ausprobieren wollte. Bruce, der scharf auf Ellen war, war erleichtert, daß sie sich nicht spröde stellte, und er vergewisserte sich durch einen Blick in seine Brieftasche, daß er Kondome bei sich hatte.

Immer wieder kommt es bei Verabredungen zu einer Mißdeutung von Sexualsignalen. Daran ist nicht das eine oder andere Geschlecht schuld, aber beide Geschlechter müssen von vornherein ihren Standpunkt deutlich definieren, statt sich darauf zu verlassen, daß ihr Gegenüber zwischen den Zeilen liest. Männer können, wie Bruce, harmlose Äußerungen als sexuelle Aufforderung mißverstehen, entweder aus Wunschdenken oder aus dem festen Glauben, daß Frauen sich im allgemeinen indirekt ausdrücken. Einer Studie mit College-Studenten zufolge glaubten dreißig Prozent von ihnen nicht, daß eine Frau nein meint, wenn sie nein sagt.

Die Frauen ihrerseits erwarten entweder, beim Wort genommen zu werden (ein Capuccino ist ein Capuccino, keine Einladung, bis zum Frühstück zu bleiben), oder sie haben keine Ahnung von den Absichten der Männer. Weil sie ihn nicht kränken wollen, ist es manchen Frauen unangenehm, deutlich zu werden und Grenzen zu setzen, vor allem, wenn sie sich seine Zuneigung wünschen. Das Vertrackte aber ist: Wenn Sie nicht laut singen, können Sie unmöglich wissen, welche Melodie Ihr Partner hört.

Zum Glück können die meisten solcher Mißverständnisse ausgeräumt werden, und Kommunikation kann als Mittel dienen, um auf dem äußerst heiklen Gebiet Sexualität Grenzen zu setzen. Ob Sie je miteinander schlafen werden oder nicht, wichtig ist, daß Sie kein Blatt vor den Mund nehmen, wenn Sie …

Über sexuelle Grenzen sprechen

1. *Die richtige Sprache.* Ihr Ziel ist es, Grenzen abzustecken, ohne beleidigend zu sein oder sich gar zu entschuldigen. Wählen Sie den Ton, der Ihnen liegt.

- Er ist so nett, aber …
  »Bruce, ich hab dich wirklich gern, aber laß es heute abend mit Händchenhalten am Küchentisch gut sein.«
- Stop – in the name of love.
  »Birgit, ich möchte nicht, daß wir uns körperlich näherkommen, bevor wir uns nicht besser kennen.«

»Ich finde, wir sollten erst mal abwarten, wie sich die Dinge entwickeln.«

- Nur ein Blick oder …
  »Ich finde es schön, wenn wir schmusen und zusammen dösen, aber kein Sex, bitte.«
  »Massieren wäre toll, aber ich will nicht mit dir schlafen.«
- Wir können es bereden.
  » Laß uns erst einmal darüber sprechen, wie wir beide dazu stehen, miteinander ins Bett zu gehen.«
  »Ich finde, wir sollten es langsamer angehen, was meinst du?«
- Wirst du mich morgen noch lieben?
  »Ich hoffe, du bist nicht beleidigt, Bruce, aber dies ist erst unsere zweite Verabredung, und mehr als ein Kuß ist da bei mir nicht drin.«
  »Ich möchte deine Gefühle nicht verletzten, Birgit, aber laß uns damit warten, bis wir uns besser kennen.«
- He du, weg von meinem …
  Manchmal müssen Sie sehr direkt werden, um Ihr Gegenüber zurechtzuweisen.
  »Birgit, würdest du bitte die Hände aus meinen Taschen nehmen?«
  »Bruce, ich bleibe angezogen! Noch Kaffee?«

2. *Der richtige Zeitpunkt.* Die beste Zeit, deutlich zu werden, ist früher, nicht später, deshalb machen Sie sich am besten vor oder zu Beginn der Verabredung klar, wie weit Sie gehen wollen. Einige optimale Momente:

- Bei der ersten Einladung zum Alleinsein. Auch wenn Bruce Ellen vielleicht für verrückt hält, wenn sie sagt: »Ich möchte bloß reden und Capuccino trinken« (Bruces Antwort: »Was dachtest du denn? Daß ich dir an die Wäsche gehe?«), stehen die Chancen gut, daß er nicht nach seiner Brieftasche greift, um nachzusehen, ob er Kondome bei sich hat.

- Bei der ersten Berührung. Werden Sie beim ersten Kuß oder bei der ersten Umarmung deutlich. Egal, wie weit Sie gegangen sind, Sie können immer noch Grenzen setzen. Wenn sie die Schlagsahne rausholt und Badewasser einlaufen läßt, haben Sie immer noch das Recht zu sagen, vergiß es.

Es ist mir peinlich, das Thema Kondome anzusprechen

Meistens geht es bei der Kommunikation nicht um Leben oder Tod – beim Thema Kondome kann das aber durchaus der Fall sein. Den Vernünftigen unter uns wird die Verlegenheit wohl lieber sein als ein lästiges Leiden. Eine Frau formulierte es so: »Lieber rot als tot.« Wenn jedoch der Augenblick der Liebeslust bevorsteht, fürchten wir, durch eine nüchterne Bemerkung die Stimmung zu verderben. Oder wir verlassen uns darauf, daß unser routinierter Partner das Verhütungsrequisit in letzter Minute aus dem Hut zaubern wird. Zwar sind Vorsichtsmaßnahmen nicht der Stoff, aus dem Liebesgedichte sind, doch gibt es kein wichtigeres Thema, wenn es bei Ihnen richtig ernst wird.

Reden über Sicherheit beim Geschlechtsverkehr (Wie man eine Kondom-Konversation führt)

1. *Das prophylaktische Gespräch.* Beugen Sie einem Pariser-Problem vor, indem Sie das Thema zur Sprache bringen, lange bevor Sie Präservative benutzen müssen. Weisen Sie ganz

allgemein auf die Wichtigkeit von Kondomen hin, und nur einem ausgemachten Dummkopf wird entgehen, worauf Sie hinauswollen.

- Die »Ich hab da mal was gelesen«-Masche. Ich hab gelesen, daß die meisten sexuell aktiven Teenager keine Pariser benutzen. Das ist wie Russisches Roulette.«
- Die »Ich kenne da jemand«-Masche. »Ich hab einen Freund, der es kategorisch ablehnt, Kondome zu benutzen. Kein Wunder, daß keine ein Verhältnis mit ihm haben will.«
- Die »Ich gehöre zu denen«-Masche. »Ich gehöre zu den Menschen, denen Gesundheit über alles geht, vom täglichen Joggen bis zu Safer Sex.«

2. *Macht er's, oder macht er's nicht?* Eine Frau, die annimmt, daß ein gebildeter Mann über Safer Sex Bescheid weiß, sieht vielleicht davon ab, seine Kondomkenntnisse zu prüfen. Da ist sie schlecht beraten – womöglich geht ihm Kafka studieren über Kondom probieren. Andere stürzen sich Hals über Kopf in ein amouröses Abenteuer und überlassen die Verhütung dem Zufall. Nehmen Sie die Sache in die Hand, indem Sie das Thema ansprechen oder das Kondom anbringen. Wenn Sie schüchtern sind, möchten Sie vielleicht einen Spruch parat haben, den Sie ungeniert aufsagen können. Hier ein paar zum Ausprobieren:

»Es ist zwar heikel, aber wir müssen über Verhütung reden.«

»Mir ist wohler, wenn ich weiß, daß du ein Kondom benutzt.«

»Entscheiden wir gemeinsam, wie wir Safer Sex betreiben wollen.«

»Dein Kondom oder meins?«

»Wo ist er? Nein, ich meine den Pariser.«

3. *Macht sie's, oder macht sie's nicht?* Männer, glaubt ja nicht, sie kann euch mit Röntgenblick in die Brieftasche oder

Kommodenschublade gucken. Lassen Sie sie wissen, daß sie bei Ihnen nichts zu befürchten hat oder daß Ihnen der Vorrat ausgegangen ist. Hier ein paar Überzieher-Überleitungen:

»Da ist er – mein guter Gummifreund.«

»Nur damit du's weißt, ich benutze ein Kondom, wenn's soweit ist.«

»Möchtest du dir aus meiner Kondomsammlung eins aussuchen?«

»Ich hab was Wichtiges vergessen – hast du was bei dir?«

»Es ist mir unangenehm zu fragen, aber hast du ein Gummi zur Hand?«

4. *Ohne Kondom kalt erwischt.* Wenn keiner von Ihnen was bei sich hat, seien Sie bereit, nein zu sagen, wenn Safer Sex nicht möglich ist.

»Bedaure, aber nichts wie raus aus dem Bett und rein in die Drogerie.«

»Ich fühl mich einfach nicht wohl, wenn wir nichts nehmen.«

»Ich fnde es nicht gut, wenn wir was machen, was wir später bereuen.«

»Wie wär's, wenn wir diesmal einfach bloß schmusen?«

Ich will kein Verhältnis mit ihr – aber ich möchte ihr nicht weh tun, wenn ich es ihr sage

Da Zurückweisung durch das andere Geschlecht bei jedermann ganz oben auf der Liste der wunden Punkte steht, sollte man am besten lernen, schonend »vergiß es« zu sagen. Wenn Sie geneigt sind weiterzutändeln, wie es Ihnen unerträglich ist, ihr weh zu tun, haben Sie beide das Nachsehen – Sie, weil Sie wissen, daß es nichts bringt, und sie, weil sie dann nicht weiß, daß sie es nur mit einem anderen zu etwas bringen kann.

Als Cliff eines Abends im Café, nachdem er von Mandy ein Küßchen auf die Wange bekommen hatte, den starken Drang verspürte, sich naserümpfend abzuwenden, wußte er sofort, daß eine Beziehung zwischen ihnen niemals zustande kommen würde. Es war für ihn der endgültige Beweis dessen, was er längst gespürt hatte – daß er einfach nicht interessiert war. Aber aus Scheu, ihre Hoffnungen zu zerstören, nachdem sie ihm eine Einladung ins Kino auf den Anrufbeantworter gesprochen hatte, versuchte Cliff es mit der leichten Tour und rief sie eine Woche nicht an. Es nützte nichts. Mandy weckte ihn am Samstagmorgen und säuselte, sie mache gerade Omelettes für zwei. Cliff mochte Mandy als Freundin, aber er mußte lernen …

Wie man sagt: »Du bist nicht die Frau meines Lebens.«

1. *Halten Sie körperliche Distanz, wenn Sie zusammen sind.* Mandy hätte Lunte gerochen, wenn sie im Café Cliffs Arm umklammert und er daraufhin »autsch« gesagt hätte.

2. *Nehmen Sie Einladungen nur gelegentlich an, und ergreifen Sie keinerlei Initiative, bis sich eindeutig eine Beziehung entwickelt hat, die weniger ist als die, die sie gerne hätte.*

3. *Versuchen Sie es mit der »unabhängig«/«nicht verfügbar«/»vollkommen durcheinander«-Ausrede.* Auf diese Weise übernehmen Sie die Verantwortung dafür, daß die Beziehung nicht funktioniert, statt zu erklären, warum es bei Ihnen nicht funkt.

»In meinem derzeitigen Zustand brauche ich jede Menge Ellenbogenfreiheit.«

»Ich habe meine Scheidung noch nicht ganz verkraftet und bin vorläufig nicht bereit, mich wieder zu binden.«

»Ich bin momentan nicht firm genug, um mich auf eine Beziehung einzulassen.«

4. *Wenn sie Sie immer noch aus Ihrem Solodasein herauslocken will, werden Sie deutlicher.* Betonen Sie Unvereinbarkeiten statt mangelnde Attraktivität.

Sagen Sie nicht: »Du bist mir viel zu träge.«

Versuchen Sie es mit: »Unser Tempo ist zu verschieden, das ist mir zu strapaziös.«

Sagen Sie nicht: »Du siehst mir viel zu unsportlich aus.«

Versuchen Sie es mit: »Ich suche jemand, der jedes Wochenende mit mir Kajak fährt.«

Sagen Sie nicht: »Wenn wir zusammen weggehen, werde ich immer so müde.«

Versuchen Sie es mit: »Ich glaube nicht, daß wir viel gemeinsam haben.«

5. *Wenn Sie das alles versucht haben und sie immer noch verknallt ist, hilft nur noch die reine Wahrheit:*

»Tut mir leid, aber wir passen wirklich nicht zusammen.«

»Ich find's nicht richtig, daß wir zusammen weggehen.«

»Ich möchte dich nicht als feste Freundin, aber unsere Diskussion über Elvis hat mir Spaß gemacht.«

Wie kann ich auf sanfte Art Schluß machen?

Tim hatte es satt, in Bettys Leben an zweiter Stelle nach dem Skilaufen zu rangieren. Nachdem er zwei Wochenenden hintereinander stundenlang in der Skihütte auf sie gewartet hatte, wußte er, daß ihre Beziehung auf dem absteigenden Ast war. Betty, die nur immer höhere Berge im Sinn hatte, ahnte nicht, daß es mit ihrer Beziehung zu Tim steil bergab ging. Tim wollte Mut fassen, um Schluß zu machen, aber aus Sorge, Bettys Gefühle zu verletzen, zögerte er.

Auch wenn man sich als derjenige, der Schluß macht, in der Rolle des Schurken sieht – auf lange Sicht sind Sie beide besser dran, wenn Sie sich freimachen für neue Bindungen. Auch wenn sich verletzte Gefühle nicht vermeiden lassen – bedenken Sie, eine Beziehung, die nur von einer Seite gewollt ist, kann nicht funktionieren.

Wie man Schlußmachen weniger verletzend gestaltet

Wenn Sie überzeugt sind, daß es das Beste ist, ihr den Laufpaß zu geben, können Sie das sehr viel sachter tun, als ihr zu sagen, sie soll in Schußfahrt aus Ihrem Leben verschwinden. Wenden Sie eine der folgenden Strategien an.

1. *Abklingen lassen.* Hier geben Sie zu erkennen, daß sich etwas geändert hat, indem Sie sich nicht mehr so oft verabreden, nicht mehr so oft anrufen und mehr über Dinge reden, die die Beziehung nicht betreffen. Ihr Ziel dabei ist, ihr Gelegenheit zu geben, sich über diese Veränderungen klarzuwerden, so daß sie eine Aussprache beginnt. Dieses Vorgehen hilft, Verhalten und Gefühle in Einklang zu bringen, auch wenn Kritiker das für feige oder manipulativ halten mögen.

2. *Offene Diskussion.* Sie brechen eine Diskussion über den Verlauf der Beziehung vom Zaun, um Ihre Partnerin gleichberechtigt in die Entscheidung über die Zukunft mit einzubeziehen. Hierbei hoffen Sie, daß sie den Unterschied in Ihren gegenseitigen Empfindungen erkennen und einsehen wird, daß Schlußmachen das Beste ist. Hier ein paar Einleitungen.

»Betty, wie findest du, daß unsere Beziehung in letzter Zeit läuft?«

»Ich denke, wir sollten darüber reden, was mit uns los ist.«

»Laß uns darüber reden, welche Art Beziehung sich jeder von uns wünscht.«

3. *Es schnell hinter sich bringen.* Wenn Sie fest entschlossen Schluß machen wollen, müssen Sie deutlich werden und durch schnelles Handeln so wenig unnötigen Schmerz wie möglich zufügen. Beginnen Sie keine große Diskussion, sondern geben Sie unmißverständlich zu verstehen, was Sie vorhaben. Das funktioniert am besten, wenn Sie es mit jemandem zu tun haben, der blind war für das, was vorging, oder wenn Ihre Gefühle so schwach sind, daß Sie eine Beziehung, die kaum bestanden hat, lieber nicht analysieren möchten.

»Weißt du, ich finde, bei deiner Begeisterung fürs Skilaufen und meiner Vorliebe für Computer sind wir als Freunde besser dran.«

»Betty, ich habe in letzter Zeit viel nachgedacht. Ich finde wirklich nicht, daß wir gut zusammenpassen, und ich halte es für das Beste, wenn wir uns nicht mehr verabreden.«

Kann ich wirklich mit jemandem vom anderen Geschlecht befreundet sein?

Beide Geschlechter profitieren von den gemischtgeschlechtlichen Freundschaften, wie die Forscher das nennen. Männer sind zu Freundinnen offener als zu ihresgleichen und geben mehr von sich preis, vielleicht weil die Atmosphäre nicht so stark von Rivalität geprägt ist. Sind Frauen auch gegenüber Männern nicht unbedingt offener, so finden sie Gespräche mit ihnen aus anderen Gründen hilfreich.

Melanies Freund Bruno hilft ihr durch die schweren Zeiten ihrer Beziehungen, weil er eine männliche Sichtweise ohne emotionale Verwicklungen beisteuert. Bruno hat ihr die Fußballbesessenheit eines Freundes und die strikte Weigerung eines anderen, die Restaurantrechnung mit ihr zu teilen, erläutert. Melanie schätzt außerdem Brunos Entschiedenheit (in allem, ob es nun darum geht, wo gegessen wird, oder darum, weshalb die Todesstrafe diskriminierend ist) im Gegensatz zu ihrer zaudernden besten Freundin Rona, bei der die demokratische Entscheidung, was es zu essen geben soll, sich ewig hinzieht.

Wenn gemischtgeschlechtliche Freundschaften gedeihen sollen, darf keiner sich insgeheim wünschen, daß die wahre Liebe erblühen möge. Auch dürfen Ehepartner oder Geliebte nichts dagegen haben, daß ihre bessere Hälfte mit einem anderen Mann oder einer anderen Fau befreundet ist. Im Idealfall entwickeln sich Freundschaften unabhängig vom Geschlecht aus Vertrauen und Gleichgesinntheit heraus, trotzdem kann eine Freundschaft, wenn sie uns mit einem Vertreter der anderen Hälfte der Menschheit verbindet, beachtliche Dimensionen annehmen.

Damit es zu Begegnungen der anderen Art kommt, müssen Sie …

1. *Es geschehen lassen.* Viele Freundschaften mit dem anderen Geschlecht entstehen bei gleicher Arbeitszeit am gleichen Arbeitsplatz oder bei gemeinsamen Aufgaben in sozialen Einrichtungen. In einer an der Universität von Michigan durchgeführten Studie hatten zweiundzwanzig Prozent der befragten Männer enge, freundschaftliche Beziehungen mit Arbeitskolleginnen. Und diejenigen, die Freundschaften mit dem anderen Geschlecht pflegten, sahen sie vorteilhaft nicht nur für die Befreundeten, sondern auch für die Firma.

2. *Deutlich sein.* Wer was für wen empfindet, wird deutlich gemacht werden müssen, wenn Sie sich mit jemandem anfreunden. Wenn Sie gebunden sind, das Gefühl haben, daß eine Weiterentwicklung der Beziehung riskant wäre, oder wenn der/die Betreffende für Sie als potentieller Partner nicht in Frage kommt, schön – aber denken Sie nicht, er/sie kann Ihre Gedanken lesen. Um Ihre Absichten klarzumachen:

- Erwähnen Sie einen anderen, der für Ihr Leben Bedeutung hat, oder drücken Sie den Wunsch aus, jemand Bestimmten kennenzulernen.
- Vertrauen Sie ihm/ihr das Problem an, das Ihnen aus obiger Situation erwächst.
- Verwenden Sie häufig das Wort »Freund« oder »Freundin«.
- Machen Sie auf Ihren Trauring oder Verlobungsring aufmerksam oder auf die Bilder Ihres Freundes beziehungsweise Ihrer Freundin auf Ihrem Schreibtisch.
- Sehen Sie zunächst davon ab, Ihren Bekannten oder Ihre Bekannte zu gesellschaftlichen Anlässen oder Abenden zu zweit einzuladen.
- Meiden Sie Nettigkeiten oder Berührungen, die mißverstanden werden könnten.

- Machen Sie getrennte Kasse – bezahlen Sie nicht die Rechnung.

(Was zu tun ist, wenn Ihr Gegenüber fälschlicherweise annimmt, Sie seien an einem Verhältnis interessiert, vgl. ›Ich will kein Verhältnis mit ihr – aber ich möchte ihr nicht weh tun, wenn ich es ihr sage‹, S. 134ff.)

3. *Niemanden »vom gleichen Schlag« erwarten.* Wenn Sie in Ihrem Freund vom anderen Geschlecht einen Seelengefährten finden, großartig, aber höchstwahrscheinlich werden Sie dennoch geschlechtsbedingte Unterschiede feststellen in dem, was Sie in dieser Freundschaft geben und empfangen. Oft kommt es beispielsweise zu männlichem beziehungsweise weiblichem Rollenverhalten, auch ohne Intimitäten.

Bruno verfiel instinktiv in eine Beschützerhaltung, wenn einer von Melanies Freunden eine Woche lang nicht anrief (»Ich würde den Kerl am liebsten k.o. schlagen«). Melanie konnte es nicht ausstehen, wenn Bruno Frauenblicke auf einer Skala von eins bis fünf bewertete. Zu geschlechtsbedingten Kommunikationsdifferenzen, die einer Freundschaft abträglich sein können, gehören:

- wieviel Zeit Sie mit Reden im Vergleich zum aktiven Handeln verbringen wollen.
- wieviel Unterstützung oder Zuwendung Sie erwarten und wünschen
- wie jeder von Ihnen Ratschläge gibt oder annimmt
- wie gut Sie zuhören und wie sehr Sie wünschen, daß Ihnen zugehört wird
- wie Sie mit Meinungsverschiedenheiten umgehen
- wie Sie Sprache, Jargon und Schimpfworte benutzen
- wie Sie über das andere Geschlecht sprechen

Bei gesellschaftlichen Anlässen stecken Männer mit Männern zusammen und Frauen mit Frauen

Georg und Diana waren sich sicher, daß die Gäste, die sie zu ihrer Party eingeladen hatten, sich gut mischen würden, weil sie alle Kinder im Teenager-Alter hatten und im medizinischen Bereich tätig waren. Doch die im großen und ganzen erfolgreiche Party hatte ein Manko, mit dem Georg und Diana nicht gerechnet hatten: freiwillige Geschlechtertrennung. Während die Frauen die Küche mit Beschlag belegten und sich darüber unterhielten, wie sie ihre Kinder vor Schwierigkeiten bewahren könnten, zogen sich die Männer in den Hobbyraum zurück und diskutierten, ob es sinnvoll sei, amerikanische Aktien zu kaufen.

Georg und Diana überlegten sich, ob ihre Party einen Rückfall in die Zeit der Jäger-und-Sammler-Gesellschaft bedeutete, und sie fragten mich, was sie das nächste Mal tun könnten, damit auch die Geschlechter sich untereinander mischten. Die zu überwindenden Faktoren, erklärte ich, stammten weniger von unseren Vorfahren im Dschungel als von zu unseren Lebzeiten entstandenen und etablierten Vorlieben.

Voraussetzungen für gesellschaftliche Geschlechtertrennung

1. *Gewisse Gesprächsthemen werden je nach Geschlecht bevorzugt.* Eine Befragung von Frauen und Männer zwischen siebzehn und achtundsechzig Jahren ergab, daß Männer sich mehr als Frauen über Musik, Nachrichten und Sport unterhielten, während Frauen viel öfter als Männer über Beziehun-

gen, Familie, Gesundheit, Gewicht, Ernährung und Kleidung sprachen. Geschlechtertrennung auf Partys trägt so zur Verminderung des Gähnquotienten bei.

2. *Der Kommunikationsstil von Männern und Frauen ist verschieden.* Männer genießen es, zu konkurrieren, zu diskutieren und Wissen und Können anzubringen, und deshalb suchen sie sich gleichgesinnte Gesprächspartner. Frauen liegt es mehr, über Leute zu reden (die Männer im Nebenzimmer inklusive), sich gegenseitig zuzuhören und zu helfen und persönliche Geschichten auszutauschen.

3. *In gemischter Gesellschaft dominieren meistens die Männer, und die Frauen möchten sich nicht zurückgesetzt fühlen.* Frauen fügen sich in der Gruppe wohl der männlichen Überlegenheit, wenn es darum geht, ein Thema anzuschneiden oder Aufmerksamkeit zu erregen. Sie tun das aus Höflichkeit – beim Kaffeekränzchen fühlen sie sich womöglich viel wohler in ihrer Haut.

4. *Die Männer meinen höflich zu einer Frau sein zu müssen, die auf einer Party das Wort ergreift.* Sie sind galant und aufmerksam und unterlassen es, sie zu unterbrechen (was ihnen besonders schwerfällt, wenn sie ewig braucht, um auf den Punkt zu kommen). Diese gezwungene Anpassung läßt ihnen den Hobbyraum als Refugium für eine viel weniger strapaziöse Unterhaltung erscheinen.

Wenn Sie wie Georg und Diana fest entschlossen sind, trotz dieser Schwierigkeiten eine Party auf die Beine zu stellen, bei der die Geschlechter nicht auseinanderdriften, merken Sie sich diese Tips:

Geselligkeit ohne Geschlechtertrennung

1. *Beschränken Sie die Party auf einen Raum.* Wenn ein Geschlecht zu wandern beginnt, sagen wir in die Küche, schicken Sie eine Person vom anderen Geschlecht hinterher, um denen da drin den Spaß zu verderben.

2. *Bereiten Sie Zerstreuungen vor, bei denen das Ereignis selbst die Hauptsache ist.* Ratespiele, Scharaden, Volkstanz und Ballspiele leisten hierbei gute Dienste. Partys unter einem Motto, Gruselpartys und Kostümfeste tragen ebenfalls dazu bei, daß sich alle in gemischter Gesellschaft wohlfühlen.

3. *Spielen Sie Helfershelfer.* Stupsen Sie den Austausch an, indem Sie scheinbar feindliche Wesen auf Gemeinsamkeiten hinweisen.

»Fred, das ist Joanne. Joanne hat kürzlich auch Mittel für ein öffentliches Gesundheitsprogramm bewilligt bekommen.«

4. *Wenn dies alles nichts hilft, aber die Gäste sich amüsieren, sagen Sie Ihrem Ehrgeiz, beide Geschlechter unter einen Hut zu bekommen, adieu.* Vergessen Sie nicht, die Leute kommen zusammen, um sich zu entspannen, nicht um für Utopia zu trainieren.

Ich weiß nie, wie ich Freunde, Verwandte oder neue Bekannte begrüßen soll

Jeder von uns hat seine bevorzugte Begrüßungsart, die sich aus unserer Persönlichkeit ergibt und daraus, wie berührungsfreudig unsere engsten Familienangehörigen gewesen sind. Die distanzierte Doris sieht sich mit einem beiläufigen, berührungsfreien »Hallo« hinreichend begrüßt, wogegen Knutscher Kurt sich ohne Ganzkörperumarmung zurückgewiesen fühlt.

Zudem haben verschiedene Gruppen, sei es Clique oder Clan, feste Gebräuche, die die Rangfolge angemessener Begrüßungen regeln. Auf einem Symposium von Heilpraktikern mag es für beide Geschlechter die Norm sein, Fremde zu umarmen, während auf einer Wohltätigkeitsveranstaltung der Crème de la crème die Damen sich vielleicht flüchtig Wange an Wange begrüßen und die Herren sich zunicken oder die Hand reichen.

In einer Umgebung, wo wir uns zu Hause fühlen, ist es meistens in Ordnung zu tun, was uns richtig scheint. Aber in einer fremden Umgebung oder unter Leuten, die berührungsfreudiger oder distanzierter sind als wir, geraten wir ins Schwimmen. Obwohl hier unmöglich alle Varianten der Grußetikette vorgestellt werden können, sollen folgende Prinzipien eine Hilfe geben.

Begrüßung von nahen Verwandten und fernen Bekannten

1. *Da Frauen eher etwas dagegen haben, von Männern berührt zu werden, als umgekehrt, richtet sich der Mann am besten nach dem Begrüßungsstil der Frau.* Wenn sie ein Wangenküßchen offeriert, revanchieren Sie sich besser nicht mit einem fetten, feuchten Schmatz.

2. *Richten Sie sich auch nach Alter und Status.* Wenn die gute Großmama Gertrude Sie in die Wangen kneift, ertragen Sie es!

3. *Wenn Sie der Gast sind, richten Sie sich nach den Gastgebern.* Eine Begrüßung dauert nicht lange. Wenn's hoch kommt, haben Sie zehn Minuten Unbehagen zu ertragen.

4. *Im Zweifel zögern Sie einen Moment.* Obwohl eine Begrüßung im Nu vorbei ist, können Sie ohne weiteres bis zwei zählen, um dem anderen die Möglichkeit zu geben, eine Vorliebe anzuzeigen oder anzubringen. Seien Sie wachsam und bereit, die dargebotene Hand oder Wange anzunehmen.

Detlev war ganz begierig, die Eltern seines Freundes Kazuo zu begrüßen, die zur Abschlußfeier ihres Sohnes eigens aus Tokio angeflogen waren. In seiner Aufgeregtheit quetschte Detlev Frau Yoshikawa die Hand und klopfte Herrn Yoshikawa auf die Schulter, was dieser empörend und respektlos fand. Hätte Detlev abgewartet, so hätte er sich mit einem Nicken oder einer Verbeugung begnügen können, und Kazuos Eltern wäre dabei wohler gewesen.

5. *Besser zu reserviert sein als den anderen erdrücken.* Ein aufrichtiges Lächeln gleicht den Eindruck von Abweisung wieder aus, den eine distanziertere Begrüßung, als es der andere gewohnt ist, hinterläßt.

6. *Halten Sie ein paar Formulierungen parat für den Fall, daß Sie ein bekanntlich herzhaft zupackendes Gegenüber abblocken wollen.* Wenn Sie schon Wochen vor der Bar-Mizwa-Feier seines Sohnes einen Horror vor Vetter Bernies inniger Umarmung haben, wenn die Erinnerung an Boris, der Sie – einen Mann – auf beide Wangen geküßt hat, Ihnen den Wunsch einflößt, ihn nie wiederzusehen, können Sie sich mit Worten aus der Schlinge ziehen und so die Situation in den Griff bekommen. Zum Beispiel:

»Bernie, heute bitte keine Umarmung. Ich hab's mit dem Rücken. Ich habe meinem Chiropraktiker diese Woche ein Vermögen bezahlt, und ich muß mich noch schonen.«

»Boris, ich hoffe, du hast nichts dagegen, wenn ich dich auf gut amerikanisch begrüße. So.« Und strecken Sie die Hand aus.

Ich bin total unbeholfen, wenn ich jemanden vom anderen Geschlecht trösten soll

Beide Geschlechter sind gleichermaßen erschüttert durch einen Verlust, eine schwere Krankheit oder eine sonstige Lebenskrise. Doch das Verhalten, das wir an den Tag legen, wenn wir niedergeschlagen sind, und unsere Vorstellung von dem Trost, den wir von anderen empfangen möchten, kann je nach Geschlecht ganz verschieden sein. Trost spenden wollen, ohne zu wissen wie, kann eine Qual sein, vor allem, wenn uns jemand nahesteht.

Herbert war schmerzlich berührt, als er erfuhr, daß seine Mitarbeiterin Margaret, im vierten Monat schwanger, am Wochenende eine Fehlgeburt erlitten hatte. Weil er nicht wußte, wie er das Thema ansprechen sollte, hielt er den Mund. Als Margaret ihn traurig fragte: »Hast du von meinem Pech gehört?« sah er sich überfordert und antwortete nur: »Ja, sicher.« Besorgt, etwas falsch gemacht zu haben, ging er noch am selben Tag zu Margaret, um ihr zu versichern, daß dies nicht das Ende der Welt sei und daß sie sicher darüber hinwegkommen werde. Auch wenn Margaret seine gute Absicht verstand, war sie maßlos enttäuscht darüber, daß Herbert so locker über eine Wunde hinwegging, die noch so frisch für sie war.

Geschlecht und Gram: Ein Leitfaden

1. *Beide Geschlechter sind Ihnen dankbar, wenn Sie Ihr Mitgefühl ausdrücken, statt dem Thema auszuweichen.* Herbert dachte, es würde Margaret sehr aufregen, wenn er die Fehlgeburt erwähnte, aber das war ein Irrtum. Seien Sie sensibel

dafür, wo und in wessen Gegenwart Sie ein trauriges oder privates Thema ansprechen. Da Herbert zum Beispiel nicht wußte, wem Margaret sich anvertraut hatte und wem nicht, hätte er sein Mitgefühl nur dann ausdrücken dürfen, wenn sie allein gewesen wären.

2. *Beide Geschlechter sind Ihnen dankbar, wenn Sie ein paar schlichte Worte des Mitgefühls murmeln.* Einleitungen wie diese bedeuten sehr viel:

»Es tut mir so leid ...«

»Es ist ja so traurig ...«

»Ich habe die ganze Zeit an dich gedacht ...«

Eine wortlose Umarmung, ein paar Zeilen, Blumen oder eine Nascherei, auf den Schreibtisch gelegt, können ebenfalls Ihr Mitgefühl übermitteln.

3. *Männer lösen gerne die Probleme anderer Leute.* Das ist zwar nett, kann aber den Schmerz nicht beseitigen. Vermeiden Sie besonders, Frauen Lösungen oder Ratschläge anzubieten, wenn Sie nicht darum gebeten wurden. Bemerkungen wie folgende empfinden Frauen vielleicht als herablassend und zudem unerheblich für das, was sie gegenwärtig am meisten beschäftigt, ihren Schmerz:

»Hast du schon mal an Adoption gedacht?«

»Wo ich herkomme, gibt es eine gute Klinik für die Behandlung von leukämiekranken Kindern. Soll ich da mal für dich anrufen?«

»Die Polizei nimmt Schießereien schon gar nicht mehr ernst. Ich kenne einen guten Privatdetektiv, den könntest du anheuern, um rauszukriegen, wer deinen Vater getötet hat.«

4. *Manche Frauen verabreichen trauernden Männern eine Überdosis Verständnis.* Viele Männer können Mitgefühl schlecht ertragen, weil es bei ihnen ein Gefühl der Ohnmacht hervorruft. Ein Mann, der daran arbeitet, seinen Schmerz zu überwinden, fühlt sich womöglich abgestoßen durch die Nei-

gung einer Frau, in der Situation zu »schwelgen«. Wenn Sie einem Mann Mitgefühl entgegenbringen und er so etwas sagt wie: »Na ja, das Leben geht weiter«, oder: »So ist das Leben«, dann lassen Sie's gut sein mit der Güte.

5. *Manche Männer mindern anderer Leute Leid herab, um es zu lindern.* Wenn Männer das untereinander tun, verstehen sie die Absicht. Aber wenn Sie diese Art Trost bei einer Frau anzuwenden versuchen, laufen Sie Gefahr, für unsensibel gehalten zu werden.

Abschwächende Äußerungen wie diese mögen Ihr Unbehagen mildern, ihrs aber wahrscheinlich nicht:

»Es hätte schlimmer kommen können.«

»Du hast ja Gott sei Dank noch die anderen zwei Kinder.«

»Du wirst bald darüber wegkommen.«

6. *Frauen erzählen Menschen, die sich in einer Krise befinden, gerne ähnliche Geschichten, um ihnen so mitzuteilen: »Du bist nicht allein.«* Margaret fand es tröstlich, von Fehlgeburten zu hören, die Freundinnen und Arbeitskolleginnen erlitten hatten, und fühlte sich ihnen enger verbunden. Wenn Männer einer Frau eine tragische Geschichte erzählen, sollten sie sich vorsehen, daß es nicht verstanden wird als: »Wenn du meinst, du hast Probleme, dann hör dir erst mal das hier an …«

7. *Allen Menschen tut es gut zu wissen, daß Sie da sind, wenn sie Sie brauchen.* Sagen Sie einfach: »Gib mir Bescheid, wenn du reden möchtest oder wenn ich dir irgendwie helfen kann.«

Sie werden feststellen, daß man sich an bestimmten Schultern leichter über bestimmte Dinge ausweinen kann. So war es verständlich, daß Margaret sich in ihrem tiefen Leid an ihre Assistentin wandte, die ein Jahr zuvor eine Totgeburt erlitten hatte.

Ich mag nicht dauernd von jemandem angesprochen werden

Abgesehen von fettigen Haaren oder einer Knoblauchkette um den Hals gibt es keinen Zauber, der das andere Geschlecht in Schach hält, wenn Sie es vorziehen, allein zu sein. Wenn es Sie also stört, daß Sie auf einer Parkbank kein Buch aufschlagen können, ohne von Konversationsbeflissenen abgelenkt zu werden, müssen Sie die Signale, die Sie aussenden, und Ihre Reaktionen, wenn Sie sich durch Angesprochen-Werden belästigt fühlen, kontrollieren.

Wenn Sie allein bleiben wollen, müssen Sie es unterlassen, Hinweise auszusenden, die leicht als »bitte anspechen« verstanden werden können.

Gregor, ein freundlicher Ingenieur, der oft einen vernachlässigten und verlorenen Eindruck machte, schien die Aufmerksamkeit der Frauen auf sich zu ziehen wie ein herrenloses Hündchen. Seine Verlobte, die seine unwiderstehliche Anziehungskraft auf Frauen störte, legte ihm nahe, etwas verschlossener auszusehen, indem er sein Dauergrinsen löschte und sich zielstrebiger von hier nach da bewegte.

Andie war es unangenehm, daß sich die Männer übermäßig für sie interessierten, aber ihre Angewohnheit, die langen Haare zurückzuwerfen, während sie jeden in ihrer Nähe taxierte, rangiert ganz oben auf der Liste der Signale, die zu erkennen geben, daß eine Frau zu haben ist. Als Andie die Haare nur noch dann zurückwarf, wenn sie jemanden kennenlernen wollte, hatte sie weniger Grund zu klagen.

Wenn Sie sich für eine Abwehrmaßnahme entscheiden, berücksichtigen Sie zuerst das Risiko, das jemand auf sich genommen hat, um Sie anzusprechen. Wenn er nicht gerade unverschämt, anstößig oder regelrecht zotig ist, bemühen Sie sich, seine Gefühle zu schonen, wenn Sie ihn abwimmeln. Sie werden sich besser fühlen, wenn Sie die Abfuhr freundlich erteilen. Wenn Ihr Gegenüber den Hinweis nicht kapiert, müssen Ihre Abwehrsignale allerdings deutlicher werden.

Wie man jemanden abwehrt, ohne abweisend zu sein

1. *Der Wink mit dem Zaunpfahl.* Erwähnen Sie so freundlich Sie können, aber unmißverständlich, daß Sie verheiratet oder in festen Händen sind. Bedenken Sie – wenn Sie wirklich nicht vorhaben, sich auf das Spiel einzulassen –, daß die Person, die sich für Sie interessiert, das auch von vornherein wissen wollen wird.

Interessierte Frau: »Wohnen Sie hier in der Gegend?«

Sie: »Wir sind vor kurzem in einem der Wohnblocks eingezogen.«

Frau: »Und was machen Sie so?«

Sie: »Meine Freundin und ich haben ein Reparaturgeschäft für Schmuck.«

Frau: »Ah, wie nett ...«

2. *Die knappe Antwort.* Hier geben Sie möglichst knappe, informative Antworten, nur um höflich zu sein. Dann beenden Sie das Gespräch, indem Sie weiterlesen oder weggehen. Stellen Sie auf keinen Fall Gegenfragen, die das Gespräch nur verlängern, weil sie erwidertes Interesse vermuten lassen.

Interessierter Mann: »Wohnen Sie hier in der Gegend?«

Sie: »Gleich in der nächsten Ortschaft.«

Er: »Und wo arbeiten Sie?«

Sie: »In der Stadt.«

Er: »Und was machen Sie?«

Sie: »Ich bin Krankenschwester. Ich muß aber jetzt in die Klinik. War nett, mit Ihnen zu plaudern.«

3. *Das Grunzen.* Seien Sie langweilig, geben Sie einsilbige Antworten, oder reagieren Sie nur mit Geräuschen.

Interessierte Frau: »Wohnen Sie hier in der Gegend?«

Sie: (undefinierbares Grunzen)

Frau: »Arbeiten Sie hier in der Gegend?«

Sie: (undefinierbares Grunzen)

Frau: »Na dann!« (Folgt gewöhnlich nach zwei Versuchen, Sie anzusprechen.)

4. *Die Mach's-wie-das-Gewitter-und-verzieh-dich-Abfuhr.* Wenn er sich trotz Ihrer Winke mit dem Zaunpfahl, knappen Antworten oder Grunzlaute nicht verzieht, treiben Sie's toller mit Ihrer Taktik. Tickern Sie laut und deutlich.

- Reife Sprüche:
  »Ich möchte mich auf mein Buch konzentrieren und mich nicht weiter mit Ihnen unterhalten.«
  »Ich muß eine Weile allein sein, um nachzudenken.«
  »Tut mir leid, aber ich bin im Moment nicht in der Stimmung, um zu quatschen.«
- Weniger reife Sprüche:
  »Mach's wie Parfum – verdufte!«
  »Mach's wie Hefeteig – geh!«
  »Mach's wie Rumpelstilzchen – verschwinde!«

Manchmal verstehe ich Witze nicht, die jemand vom anderen Geschlecht erzählt

Mit Sinn für Humor hat alles Bestand – von der Ehe bis zum Immunsystem. Das gegenseitige Kitzeln der Lachnerven kann Sie zwei enger aneinander binden. Wenn aber an Stelle von »Ha-ha-ha« ein »Was?« ertönt, haben Sie eine Anknüpfungschance verpatzt.

Psychologen haben beim Zählen von Lachern festgestellt, daß es bei Männern und Frauen Unterschiede gibt, wann und warum sie Witze machen. Männer ernten lieber ein schallendes Gruppengelächter und scheinen sich Bonmots und Konfektionswitze besser merken zu können als Frauen. Nicht, daß die Hirnzellen der Frauen keine Pointen speichern, aber es liegt ihnen nicht so, ein Warenlager voll Witze vorrätig zu halten, um einen Saal voll Leute zum Lachen zu bringen. Statt sich über die drei Männer auszuschütten, die vor Petrus treten, geben viele Frauen lieber die Absurditäten des Lebens und verrückte Begebenheiten wieder. Interessanterweise – das mag ein Zeichen von Selbstvertrauen oder von Unsicherheit sein – neigen Frauen weit mehr zu selbstherabsetzendem Humor. Wenn ich zum Beispiel bei Vorträgen etwas an die Tafel schreibe, sage ich oft: »Wie Sie sehen, hatte ich nie eine Eins in Schönschrift.« Eine Studie ergab, daß dreiundsechzig Prozent der Komikerinnen sich in ihrem Programm herabsetzten, aber nur zwölf Prozent ihrer männlichen Kollegen.

Wie und wann Sie Humor einsetzen, reflektiert auch Ihren Stand auf der Statusleiter. Kaum gibt ein Hochstehender ein entsprechendes Signal, stimmen alle anderen der Reihe nach munter ein. Eine klassische Humorstudie unter Krankenhauspersonal ergab: je älter ein Personalmitglied war, desto mehr neigte er oder sie dazu, Gesagtes mit Witz zu würzen. Dieselbe Studie ordnete neunundneunzig von hundertzwei Komikausbrüchen bei Versammlungen des Krankenhauspersonals Männern zu.

Wenn seine Blondinen-Witze Sie nicht zum Quieken bringen, wenn Sie sich bei ihrer Geschichte, wie sie den Vorstandsvorsitzenden mit Kaffee überschüttet hat, krümmen statt vor Lachen kringeln müssen, dann sind Sie nicht doof,

Sie haben sich bloß in die Waaas?-Ecke verlaufen, wo Männer und Frauen sich einfach nicht verstehen.

Damit Sie Jux-Differenzen nicht jucken

1. *Tun Sie's lachend ab.* Zunehmende Lebenserfahrung wird Ihren Heiterkeitssinn ansporneń. Statt einen Militär- oder Matrosenwitz abzuwürgen oder abzuwerten, denken Sie daran, woher er kommt. Zum Beispiel scheinen Männer, die von Kind an dem Rabaukentum zuneigten, deftigen Humor à la »Haut den Herkules« mehr zu mögen als Frauen. Scheuen Sie sich nicht, nach dem Sinn zu fragen, wenn die Neugierde Sie schier umbringt.

»Micky, was ist daran so komisch, daß dir 1964 beim Beatles-Konzert der Reißverschluß geplatzt ist?«

Aber wenn Sie auch nicht mit den anderen lachen können, lachen Sie sie nicht aus.

2. *Kaspern Sie herum.* Sie bewahren die lockere Atmosphäre, wenn Sie mit den Lachern lachen. Wenn die Herren über eine Pointe grölen oder die Damen über den Ausspruch »Eine Frau ohne Mann ist wie ein Fisch ohne Fahrrad« brüllen, machen Sie muntere Miene zum Spiel. Tip: Den meisten Frauen fällt es leicht vorzugeben, daß sie eine miese Talentschuppenveranstaltung für den Hit der Party halten, aber viele Männer müssen daran arbeiten, aufmerksam zu bleiben, wenn eine Frau einen Witz zu erzählen versucht. Bedenken Sie, meine Herren, sie befindet sich vielleicht auf Neuland.

3. Geben Sie Ihre Vorstellung in gemischter Gesellschaft. Gestalten Sie Ihren Scherzstil flexibler, dann haben Sie und andere vielleicht mehr Spaß an Ihrem Humor. Probieren Sie, mit welcher Taktik Sie mehr Lacher auslösen.

- Geloben Sie sich, sich die besten Witze, die Sie hören, zu

merken und sie irgendwann nächste Woche zu erzählen. Machen Sie sich keine Gedanken über den richtigen Zeitpunkt. Ein Komödiant kann eine Woche brauchen, um die Wiedergabe einer Geschichte zur Vollkommenheit zu bringen. Durchstöbern Sie Buchhandlungen nach Sammlungen von Witzen, bei denen Sie sich auf die Schenkel klopfen. Gute Einleitungen:
»Neulich kam was Komisches in den Nachrichten …«
»Ich hab da eine irre Geschichte gehört …«

- Erzählen Sie lieber eine Geschichte von sich statt einen Witz mit Bart.
  »Gestern im Kino ist mir was Verrücktes passiert …«

Ich bin homosexuell – aber das weiß keiner

Ken, ein zurückhaltender Apotheker in den Vierzigern, der sich im Ehemaligenverein seines Colleges engagierte, hatte einen Horror vor Klassentreffen. Dem Homosexuellen war es peinlich, wenn seine alten Freunde Bemerkungen machten wie: »Willst du denn nicht bald heiraten?« oder: »Bring nächstes Jahr deine Freundin mit.« Obwohl Ken sicher war, daß sie ihn auch mögen würden, wenn sie Bescheid wüßten, hielt er es nicht für angebracht, seine alten Kumpel zu schockieren, indem er ihnen frei heraus ins Gesicht sagte: »He, Jungs, wißt ihr nicht, daß ich schwul bin?«

Es war richtig von Ken, die Äußerungen seiner Klassenkameraden als harmlos zu erkennen, so ärgerlich sie auch waren. In einer Zufallsgruppe wären neun von zehn Männer heterosexuell, denn Untersuchungen weisen für Homosexualität eine Häufigkeit von zehn Prozent aus. Bei den Angehörigen dieser Minderheit erzeugen Äußerungen wie die von Kens ehemaligen Klassenkameraden Unbehagen und Verlegenheit. Bei allem Engagement für Ehemaligenveranstaltungen wußte Ken, daß er diesen Normalos das nächste Mal, wenn sie ihn auf seine »Frau« oder »Freundin« ansprachen, reinen Wein einschenken mußte. Hier ein paar Ideen, die wir diskutiert haben.

Leitfaden für ein Coming out

1. *Die Sollen-sie's-vermuten-Masche.* Beantworten Sie Fragen wie die genannten aufrichtig, aber ohne zusätzliche Information. Diese Vorgehensweise ist angebracht, wenn Zeit, Ort oder Situation für eine Diskussion über sexuelle Neigungen unpassend sind.

»Nein, ich werde nie heiraten.«

»Ich bringe nächstes Jahr keine Freundin mit.«

Die meisten werden darauf mit »Oh« reagieren, und machen Sie sich daraufhin auf Fragen wie »warum nicht?« oder »wieso?« gefaßt.

2. *Die Sollen-sie's-erraten-Masche.* Lassen Sie während eines Gespräches an strategisch günstigen Punkten Pronomen oder Namen fallen, die eindeutig zum nicht vermuteten Geschlecht gehören.

»Wenn wir zusammen ins Kino gehen, kann ich's nicht ausstehen, wenn er hinterher den Film analysieren will.«

»Miguel, mit dem ich zusammenlebe, ist Argentinier und leidenschaftlicher Polospieler.«

3. *Die Sollen-sie-aufgeklärt-werden-Masche.* Wenn Sie die unrichtige Annahme berichtigen möchten, packen Sie die Gelegenheit beim Schopfe.

»Interessant, daß ihr denkt, ich habe eine Freundin. Dabei mache ich mir nichts aus Frauen.«

»Schätze, für euch ist es selbstverständlich, daß ein Mann verheiratet ist oder mit einer Frau zusammenlebt, aber falls ich nächstes Jahr jemanden mitbringe, dann wird es ein Mann sein.«

4. *Die Bring's-ihnen-schonend-bei-Masche.* Verwenden Sie als Einleitung einen der folgenden »Weichmacher«, um Ihre Zuhörer nicht unnötig zu strapazieren.

»Schätze, es ist mir nicht anzusehen, und ich weiß, es wird euch überraschen, aber ich habe nicht geheiratet, weil ich immer gewußt habe, daß ich schwul bin.«

»Ich hoffe, ihr seid nicht allzu schockiert, aber ich werde nie eine Frau zum Klassentreffen mitbringen, weil ich schwul bin.«

5. *Die Ich-bin-der-ich-bin-Masche.* Das entspricht zwar nicht Kens Charakter, aber es ist eine Möglichkeit, wenn Sie es für richtig halten, direkt und stolz zu sein.

»Ich werde nie eine Frau haben. Ich bin schwul.«

»Ich werde nächstes Jahr vermutlich Miguel mitbringen, meinen Geliebten.«

Denken Sie daran, daß Sie jederzeit das Recht haben, sich nicht zu outen. Da Heterosexuelle auch nicht herumlaufen und ihre sexuellen Vorlieben ausposaunen, brauchen Sie es auch nicht zu tun.

Wie kann man zwei Leute auf die sanfte Tour verkuppeln?

Wenn Sie's im kleinen Finger spüren, daß es bei zwei Ihrer Bekannten hinhauen würde, dann nichts wie ran – sofern Sie wissen, daß beide darauf aus sind, jemanden ganz Tollen kennenzulernen. Als Kuppler/in fürchten Sie vielleicht, aufdringlich zu erscheinen. Aber egal, wie abstoßend die zwei sich auf den ersten Blick finden, gewöhnlich werden sie Ihre gute Absicht anerkennen – außer natürlich, Sie bringen Ihre Cousine Sue wissentlich mit einem Massenmörder zusammen.

Solange Sie sich damit abfinden können, daß Ihre klug eingefädelte Kuppelei beim ersten »Hallo« kollabieren kann, haben Sie trotz einkalkulierter Mißerfolge gute Chancen, eines Tages einem befreundeten Menschen zu einer lebenslangen Partnerschaft zu verhelfen. Noch heute geben in den USA zweiunddreißig Prozent der Ehepaare an, daß sie sich über Freunde oder Verwandte kennengelernt haben, viel mehr als über Schule, Organisationen oder Arbeit. Sie werden Menschen höchstwahrscheinlich zusammenbringen, wenn Sie folgende …

Verkupplungsfiaskos vermeiden

Sie packen die Sache falsch an, wenn Sie

- einem Freund oder einer Freundin jemandes Namen geben, ohne diesen Jemand vorher zu fragen;
- annehmen, daß Ned, den Sie abstoßend finden, bei Ihrer Schwester einschlagen wird wie eine Bombe;
- zwei sehr, sehr stille Menschen verkuppeln (sie werden sich höchstwahrscheinlich gegenseitig langweilig finden);

- den Kandidaten erklären, sie seien füreinander bestimmt, bevor sich diese auch nur flüchtig in Augenschein genommen haben (Sie üben damit zu starken Druck aus!);
- eine für eine Beziehung bereite Person mit jemandem zusammenbringen, der gerade dabei ist, von einem Beziehungsbruch zu genesen, oder der behauptet, niemals mehr in eine Falle tappen zu wollen;
- ein Duo mit duellierenden Ansichten zusammenspannen wollen (Grant, ein Tierarzt, wird sich wahrscheinlich nicht den ganzen Abend mit Lea unterhalten, die alles haßt, was vier Beine hat).

Kuppeln Sie statt dessen mit Finessen

1. *Überprüfen Sie die Verfügbarkeit.* Bevor Sie sich ans Werk machen, vergewissern Sie sich, daß jeder der beiden Kandidaten verfügbar und bereit ist, jemand anderen kennenzulernen.

2. *Rühren Sie vor der Tat die Werbetrommel.* Beschreiben Sie Ihrer Freundin beziehungsweise Ihrem Freund, was Sie an Romeo beziehungsweise Julia in spe mögen beziehungsweise was diese am andern mögen könnten. Erwähnen Sie, woher Sie den möglichen Kandidaten kennen, beschreiben Sie Aussehen, Intelligenz und Persönlichkeit realistisch.

»Gene ist groß, sieht irgendwie zerknittert aus. Er hat in Dartmouth studiert und arbeitet als Texter bei einer Werbeagentur. Er wirkt sehr natürlich und scheint treu zu sein – er trifft sich immer noch mit seinen alten Schulfreunden. Ich kenne ihn aus dem Fotokurs, den ich letzten Winter besucht habe.«

3. *Stellen Sie die Verbindung her.* Geben Sie jedem der beiden die Telefonnummer des jeweils anderen, es sei denn, einer besteht ausdrücklich darauf, anzurufen beziehungsweise an-

gerufen zu werden. Sicher, Männer tun immer noch viel öfter den ersten Schritt, aber lassen Sie die beiden das unter sich ausmachen.

4. *Warten Sie diskret auf Nachricht.* Rufen Sie nicht unmittelbar nach dem Treffen an, um den Spielstand abzufragen. Wenn Sie auf ein lässiges »Wie ist es gelaufen?« nur ein unverbindliches »Er war nett, aber …« zur Antwort bekommen, haken Sie nicht nach. Sie will sich vielleicht nicht über die siebenunddreißig Arten auslassen, auf die er sich als Flasche erwiesen hat. Wenn das Treffen gut gelaufen ist, feiern Sie. Wenn nicht, versuchen Sie's noch einmal. In Anbetracht der Unberechenbarkeit der persönlichen Chemie kann es bei Ihrem nächsten Kupplungsversuch feste funken.

Manche Leute fassen mich zu oft an, wenn sie mit mir reden

Wir wissen aus Untersuchungen, daß eine Berührung in vielen Situationen das zwischenmenschliche Vertrauen stärken und positive Gefühle auslösen kann. Eine Studie in einer Bibliothek ergab, daß Besucher, die beim Ausleihen ihrer Bücher ein sanftes Tätscheln erhielten, der Bibliothek eine größere Sympathie entgegenbrachten als solche, denen diese aufmunternde Berührung versagt blieb. Aber wenn man Ihnen einmal zu oft auf den Rücken geklopft hat, sind Sie vielleicht heikel, was Körperkontakt im allgemeinen oder die Signale betrifft, die von einer Berührung ausgehen können.

Empfindlichkeit gegenüber Berührungen tritt oft dann auf, wenn die Berührung nur von einer Seite ausgeht oder wo ein

Machtgefälle besteht. Ein Vorgesetzter kann einen Angestellten anfassen, ein Lehrer einen Schüler, ein Arzt einen Patienten – nicht aber umgekehrt. Frauen werden öfter angefaßt als Männer, sowohl von Männern wie auch von Frauen. Männer berühren Frauen etwa zweimal so oft wie Frauen Männer, vielleicht weil Frauen wissen, daß ein Mann eine Geste voll Wärme als sexuelle Aufforderung mißverstehen kann. Was auch immer der Grund für Ihr Mißbehagen ist, Sie haben das Recht zu entscheiden, wann, wie oft und ob überhaupt Sie berührungsempfänglich sind.

Bekommen Sie die Situation in den Griff

Ergründen Sie, welcher von folgenden Faktoren für die Berührung ausschlaggebend ist:

1. *Der Klopfende klopft jeden, unterschiedslos.* Sie sind nicht auserwählt, sondern zufällig besonders empfindlich. Hier mögen kulturelle Hintergründe mitspielen. Ein Forscher, der in Cafés rund um den Globus Paare bei der Unterhaltung beobachtete, zählte in San Juan hundertachtzig Berührungen pro Stunde, in Paris hundertzehn, in London keine und in Gainesville, Florida, zwei. Selbst bei Mitgliedern derselben Familie mögen persönliche Unterschiede bewirken, daß die eine Hälfte der Geschwister freudig Fremde umarmt, während die andere Hälfte Berührungen lieber auf den engen Kreis von Familie, Freunden und Partnern beschränkt.

2. *Sie berührt Sie, weil sie Sie mag.* Je näher man sich jemandem fühlt, desto wahrscheinlicher ist es, daß man ihn beim Reden berührt. Die berührende Person möchte Ihnen zeigen, daß Sie ihr sympathisch sind. Es ist ihre Art, aber offensichtlich nicht Ihre.

3. *Seine Berührung läßt Sie wissen, daß er der Überlegene*

ist. In so einer Situation bekleidet er wahrscheinlich einen höheren Status oder steht in Konkurrenz zu Ihnen. Es dürfte Sie besonders ärgern, wenn die Berührung …

- nicht der Bindung dient, sondern Ihnen das Gefühl gibt, in eine Falle oder in seine Klauen geraten zu sein;
- nie von Ihnen ausgegangen sein oder gar erwidert werden könnte;
- einem Gefühl der Herablassung entspringt.
  (Wenn Sie den Eindruck haben, er ist wie Ihr Volksschulrektor, der Sie ungeachtet des Armes um Ihre Schulter zum Nachsitzen verdonnert, vertrauen Sie auf Ihren Instinkt, nicht auf die scheinbare Freundlichkeit.)

Greifen Sie zur Pfoten-weg-Lösung

Was Situation Nr. 1 und 2 angeht, haben Sie es mit einer Stildifferenz, nicht mit einem ernsten Problem zu tun. Bei Situation Nr. 3 müssen Sie entscheiden, wie weit Sie gewillt sind, den Berührenden zu verärgern, indem Sie seine Manöver abblocken. Probieren Sie folgende Schachzüge, wenn Sie das Gefühl haben, daß die Berührungen überhand nehmen.

1. *Halten Sie Abstand auf Armeslänge.* Sie wird Sie wahrscheinlich kaum berühren, wenn sie weiter als Armeslänge ausgreifen muß. Sie werden wohl bis zu anderthalb Meter Abstand halten müssen, wenn sie lange Arme hat.

2. *Reagieren Sie aktiv* – statt sich zu hüten, beleidigend zu werden. Versuchen Sie es nächstes Mal mit einer heftigen Bewegung in die entgegengesetzte Richtung, einem plötzlichen Abrücken, Körperstraffung oder einer Grimasse. Grapscher aller Kategorien achten darauf, ob das Echo negativ ist, da Anfassen für sie eine Quelle der Lust darstellt. Wenn Sie fürchten, die Gefühle von Menschen in Kategorie Nr. 1 und 2

zu verletzen, bedenken Sie, daß Sie ihnen eine wichtige Lektion fürs Leben erteilen: Nicht jeder genießt es so, berührt zu werden, wie sie es genießen, jemanden zu berühren.

3. *Sagen Sie ihm, er soll das lassen.* Ein direkter Vorwurf mag für den Grapscher aus heiterem Himmel kommen, da Gewohnheiten dieser Art häufig außerhalb der bewußten Wahrnehmung existieren. Selbst in Kategorie Nr. 3 ist man sich seiner Vergehen gewöhnlich nicht bewußt. Kleiden Sie Ihre Botschaft in die Form einer höflichen Bitte.

»Pat, es macht mich nervös, wenn man mich am Arm packt. Könntest du wohl versuchen, das zu lassen?«

»Anita, deine Begeisterung in Ehren, aber können wir die Rückenklopferei nächstes Mal weglassen?«

»Ira, es mag komisch klingen, aber deine Schulterklopferei tut mir echt weh.«

Er ist zu kurz angebunden – Sie kommt nie zur Sache

Selbst wenn sie über ein angenehmes Thema sprechen, etwa wohin es diesmal im Urlaub gehen soll, gehen sich Maureen und Buddy gehörig auf die Nerven. Maureen vergleicht gerne alle Vorschläge im Reiseteil der Zeitung und verliert sich lauthals in Tagträumen von einer Safari in Afrika oder einer Asienreise. Buddy gerät daraufhin in Rage und wettert, sie verschwende ihre Zeit mit der Planung von Reisen, die sie sich nie leisten könnten, und schlägt einmal wieder die Ranch in Neu Mexiko vor, wo sie immer hinfahren. Maureen nennt Buddy einen Spielverderber und fragt sich, wie sie mit einem so phantasielosen Partner eine Woche Urlaub (und ein ganzes Leben obendrein) aushalten soll. Buddy seinerseits beklagt sich, daß Maureen seine Geduld bis an die Grenzen strapaziert.

Die Neigung der Männer, schnell zur Sache zu kommen, entstammt ihrer Vorstellung von einem lösungsorientierten Gespräch, der Auffassung, daß man nur redet, wenn man genau weiß, worauf man hinaus will. Männer erwägen vielleicht die vielen verschiedenen Möglichkeiten im Geiste und präsentieren dann die endgültige Analyse oder Idee. Frauen, die es lieben, Alternativen hin und her zu wenden, können sich zurückgesetzt fühlen, wenn ihnen die Lösung eines Problems vorgesetzt wird, von dem sie meinen, daß es eine Diskussion erfordert. Für sie können Windungen und Abschweifungen im Gespräch genauso befriedigend sein wie das Erreichen eines Diskussionsziels.

Da Maureen die Zeit, die Buddy für verschwendet hält, als gut genutzt empfindet, brauchen sie und andere eine Karte, auf der die alternativen Routen verzeichnet sind, die Männer und Frauen oft nehmen, um zu einem Gesprächsziel zu gelangen.

Die Abkürzung

Bei dieser stehen Unumwundenheit, offene Redeweise, Schlußfolgerungen, Verallgemeinerungen und das feste Ziel vorne an. Sie wird zumeist in einem tempogeladenen, arbeitsorientierten Umfeld benutzt und ist typischer für Männer als für Frauen.

Risiken der Abkürzung

Sie mag …

- Leuten schroff erscheinen, die ihre Route lieber mit Muße angehen;

- unerwünschte Streitereien oder Feindseligkeiten auslösen, besonders auf seiten derer, die sie ungern benutzen;
- irrtümlich (oder zutreffend) den Eindruck erwecken, daß die redende Person engstirnig ist.
  Beispiel: Die Entschiedenheit in Buddys Ton und Redeweise ließ Maureen annehmen, er sei entschlossen, mit ihr wieder auf die Ranch in Neu Mexiko zu fahren. Buddy sagte: »Ich habe darauf gewartet, daß Maureen mit anderen vernünftigen Urlaubsvorschlägen kommt, aber sie hat das Zimmer schnurstracks verlassen, als ich Neu Mexiko erwähnte.«

Arbeiten Sie ein paar neue Routen aus

1. Heben Sie mindestens zwei positive Punkte hervor, bevor Sie einen Vorschlag machen.

»Da wir die Berge lieben und uns auf die Qualität des Essens verlassen können, wie wär's noch mal mit der Ranch in Neu Mexiko?«

2. Fügen Sie »Was meinst du?« hinzu, nachdem Sie eine bestimmte Idee oder Ihren festen Entschluß vorgebracht haben.

3. Benutzen Sie Ausdrücke, die erkennen lassen, daß Sie sich nicht total in Ihre Idee verrannt haben.

Sagen Sie nicht: »Wir sollten wieder auf die Ranch fahren.«

Versuchen Sie es mit: »Ich denke, die Ranch wäre vielleicht eine gute Idee.«

Der lange, gewundene Weg

Dieser Kommunikationsstil unterstreicht den Spaß an der Reise der Gedanken – den Austausch im Gespräch –, die

Schlußfolgerungen spielen eine eher untergeordnete Rolle, werden erst nach vielen vorgebrachten Punkten oder überhaupt nicht ausgesprochen. Der lange, gewundene Weg wird zumeist dann benutzt, wenn Zeit keine Rolle spielt und einem mehr an der Beziehung liegt als daran, eine Sache rasch zu erledigen. In persönlichen Beziehungen wenden mehr Frauen als Männer diesen Stil an.

Risiken des langen, gewundenen Weges

Er mag …

- bewirken, daß dem Zuhörer Interesse, Aufmerksamkeit oder das Verständnis der Zusammenhänge abhanden kommen;
- bei einem Abkürzungsbenutzer den Eindruck erwecken, daß die sprechende Person unlogisch denkt oder unfähig ist;
- zu Unterbrechungen Anlaß geben, so daß die Sache, um die es geht, am Ende gar nicht zur Sprache kommt.

  Beispiel: Maureen wollte sich gerade der Abteilung »Ranchurlaub« in der Zeitung zuwenden, als Buddy sie unterbrach.

Arbeiten Sie ein paar neue Routen aus

Führen Sie nicht mehr als drei Punkte an, bevor Sie zu einem Schluß kommen

2. Reden Sie nicht länger als fünfunddreißig bis fünfundvierzig Sekunden am Stück. Hören Sie sich kurze Statements im Rundfunk und Fernsehen an, und staunen Sie darüber, wie viele Informationen in kurzer Zeit vermittelt werden können.

3. Kommen Sie direkt zur Sache, aber sachte, um nicht den Eindruck zu vermitteln, daß Sie sie zu strikt vertreten. »Tja, nachdem ich alles durchgesehen habe, denke ich, der Grand Canyon ist für uns der tollste Tip.«

Frauen sagen, daß ich ungehobelt bin

Was Berserkertum ist, liegt im Ermessen des Betrachters – also den Römern hätte Ihr Gebaren gefallen. Doch wenn Sie wegen Tüchtigkeit, nicht Taktlosigkeit Aufmerksamkeit erregen wollen, gehen Sie in sich und finden heraus, was Ihr Verhalten so abstoßend macht.

Auch wenn geschliffenes Benehmen kein reines Frauenfach ist, halten gewiß mehr Mitglieder des traditionell sanfteren Geschlechts mehr auf Manieren. Hat es außer dem ›Playboy‹-Kolumnisten in letzter Zeit einen männlichen Benimmberater gegeben? Kommunikationsforscher bemerken, daß Frauen in der Arena der Höflichkeit die Siegerinnen sind. Frauen stellen mehr indirekte Forderungen, legen Wert auf Kooperation, beanspruchen körperlich weniger Raum, fluchen seltener, sprechen gewählter und rauchen weit weniger Zigarren. Den meisten Frauen ist Ballett lieber als Boxen.

Männer, die in Gegenwart »fragiler Frauen« rauhe Reden und grobes Gehabe an den Tag legen, verursachen bei Frauen, die gleichbehandelt werden wollen, ein Dilemma. Wenn ich »entschuldigen Sie meine Ausdrucksweise« höre oder »pst, es sind Damen anwesend«, bin ich sicher, daß mir mit dieser Prozellanpuppenbehandlung nicht geholfen ist. Aber ein Schlag auf die Schulter und Rülpsen in aller Öffentlichkeit machen mich ebensowenig an.

Wenn man Ihnen zu verstehen gibt, daß Ihnen mehr Anstand und Takt besser anstünden, dann werfen Sie einen ausgiebigen Blick auf Ihr Benehmen. Es könnte sein, daß Sie auch bei Männern anecken, diese es aber unmännlich finden, Sie darauf aufmerksam zu machen.

Richtiges Schalten für richtiges Verhalten

1. *Schalten Sie in den Leerlauf.* Immer mit der Ruhe. Machen Sie eine Bestandsaufnahme Ihrer beanstandeten Gewohnheiten, indem Sie sich selbst beobachten oder andere auffordern, Sie darauf aufmerksam zu machen. Sam, ein Klient, dem man gesagt hatte, mit seiner primitiven Art vermindere er seinen Verkaufserfolg, ließ Arbeitskolleginnen nach einer Präsentation ein Bewertungsformular für sein Benehmen ausfüllen. Es kam heraus, daß er zu laut geredet, einem Fragesteller ein Gesicht geschnitten und sich auf eine Weise gekratzt hatte, die den anderen peinlich war. Bedenken Sie, es ist nicht immer ein Zuckerschlecken, die Züge, die Sie unausstehlich machen, ins Auge zu fassen, um sie dann aufs Abstellgleis zu schieben.

2. *Beobachten Sie die Reaktionen der anderen Männer.* Konzentrieren Sie sich auf den Eindruck, den Sie auf andere Männer machen. Achten Sie auf angewiderte Mienen, körperliche Distanz und Themenwechsel, die anzeigen, daß man Sie unausstehlich findet. Überlegen Sie, ob Sie ein tiefliegendes Motiv haben, ungehobelt zu sein. Einem Forscher an der Technischen Hochschule von Virginia zufolge greifen manche Männer zu Flüchen, um in Gesellschaft das Feld zu beherrschen.

3. *Bestimmen Sie Ihr Ziel.* Suchen Sie sich Rollenmodelle für Finesse und Anmut, an die Sie anknüpfen können. Fragen Sie sich, ob Ulrich Wickert den Witz von dem Gorilla, der unter Verstopfung litt, erzählt haben würde.

Bestimmen Sie immer nur eine Verhaltensweise, die Sie häufig ablegen möchten:

- beim Mittagessen mit Martha über Ihren Leistenbruch reden
- bei Verkaufsverhandlungen auf einer nicht angezündeten Zigarre herumkauen
- in jedem zweiten Satz »Scheiße« sagen

4. *Fahren Sie weiter, zahlen Sie die Maut.* Versuchen Sie, sich immer dann eine kleine Strafe aufzuerlegen, wenn Sie sich ungebührlich benommen haben. Bereiten Sie sich selbst genügend Unannehmlichkeiten zur Steigerung Ihrer Motivation, sich zu bremsen, bevor Sie eine Ungehörigkeit begehen. Sam lud zum Beispiel seine Kolleginnen zum Mittagessen ein, nachdem sie ihn bei einer Versammlung als »ätzend« eingestuft hatten.

Gemein, aber wahr: Männer mögen schmutzige Witze lieber als Frauen. Je mehr dreckige Worte in einem Witz vorkommen, desto komischer finden ihn die Männer.

Ich bin skeptisch gegenüber dem/der Liebsten meiner Freundin/meines Freundes

Viola hatte sich mit Brads spätabendlichen Besuchen auswärts und seiner mysteriösen Wochenendabwesenheit abgefunden, weil Brad sie wirklich sehr zu lieben schien. Ihr Freund Hardy sah das anders. Er sagte, Brad würde sie entweder betrügen oder aber, schlimmer noch, vor ihr verbergen, daß er verheiratet war. Hardy behauptete, als Mann würde er Brads Benehmen besser verstehen als Viola. Viola hielt Hardy entgegen, er sei mißtrauisch und allzusehr um sie besorgt, und sie warnte ihn, wenn er Brad weiter so schlechtmache, würde sie Hardy die Freundschaft kündigen.

Wie Hardy fühlen Sie sich vielleicht besonders berechtigt, zu den Beziehungsproblemen Ihrer Freundin Stellung zu nehmen, da Sie eine privilegierte Perspektive von der Art und Weise, wie sie behandelt wird, zu haben meinen. Ein Mann mag die Bindungsängste eines anderen Mannes vielleicht leichter verstehen, und eine Frau mag mit Recht »zieh Leine« heraushören, wenn eine andere Frau sagt: »Tut mir leid, aber ich bin diesen Monat sehr beschäftigt.«

Natürlich sind Sie auch überzeugt, objektiver zu sein. Wenn Ihr Freund Ihre Meinung über seine neueste Romanze bestätigt, schön. Formulieren Sie Ihren Eindruck als Vermutung, nicht als Wahrheit von höchster Stelle. Und hüten Sie sich, Ihren Vorteil, vom anderen Geschlecht zu sein, auszunutzen und als unaufgeforderte Autorität seines Liebeslebens aufzutreten. Wenn Sie ungebeten Kummerkastentante spielen, können Sie in der Bilanz Ihres Freundes auf der Minusseite landen.

Ratschläge für die Beratung von Freunden

1. *Jungs, leiht ihnen euer Ohr.* Eine Freundin darf von Ihnen erwarten, daß Sie ihr lauschen, nicht die Leviten lesen. Bedenken Sie, daß sie Einfühlungsvermögen braucht, keine Analysen und Empfehlungen. Viola fühlte sich fürs erste in ihrem vagen Verhältnis mit Brad ganz gut auf-gehoben. Hardy nahm an, daß Viola mehr von Brad wollte, womöglich eine Heirat, und er wollte sie unbedingt vor einem gebrochenen Herzen bewahren. Aber mehr als Hardys Beschützertum wünschte sich Viola einen guten Freund, dem sie sich anvertrauen konnte. Ihr wäre mehr mit Äußerungen geholfen gewesen, die zeigten, daß Hardy verstand, wie ihr zumute war, etwa: »Mensch, es muß schwer für dich sein, wenn er dir fehlt und nirgends aufzutreiben ist.«

2. *Mädels, überspannt den Bogen nicht.* Ihr Freund fühlt

sich vielleicht bewogen, Ihnen seine Kränkungen und Kümmernisse anzuvertrauen, weil Sie ihn wegen seiner tiefen Gefühle nicht als weich oder weinerlich verurteilen werden. Aber hüten Sie sich davor, es mit dem Mitgefühl zu übertreiben: »Ach Hardy, ich kann's einfach nicht fassen, daß man so einen wunderbaren Menschen wie dich so gemein behandeln kann.« Er könnte es als herablassend oder allzu mütterlich empfinden. Da er vermutlich Lösungen für sein Leid erwartet, fragen Sie: »Möchtest du meine Meinung dazu hören?« oder: »Soll ich dir sagen, was hier meiner Meinung nach gespielt wird?«

3. *Leute, seid taktvoll in euren Äußerungen zu Freunden.* Als Vertrauensperson vom anderen Geschlecht werden Sie unter Umständen gefragt, was Sie von der/dem Liebsten Ihres Freundes/Ihrer Freundin halten. Wenn Sie wirklich meinen, eine Vertiefung der Beziehung würde emotionalen oder sogar physischen Schaden anrichten, müssen Sie das sagen. Aber oft ist das Hingezogensein Ihres Freundes/Ihrer Freundin nicht so fatal, wie es für Sie den Anschein hat. Auch wenn Hardy Brad für einen Blödmann hält, könnte die Beziehung für Viola trotzdem gutgehen. Versuchen Sie daher, mit folgenden diplomatischen Formulierungen Rat zu erteilen, ohne Abneigung zu ernten.

- Gute Seiten, aber …
  »Er hat eine Menge gute Seiten, aber seine Trinkerei macht mir Sorgen.«
- Erst mal abwarten …
  »Bis jetzt ist alles bestens, aber wart's erst mal ab, ob sie ihr Mißtrauen ablegen kann.«
- »Ich verstehe ja, daß du hingerissen bist, aber ich traue ihm noch nicht über den Weg.«
  »Sie ist wirklich sexy, aber ich bin nicht so sicher, ob ihr intellektuell zusammenpaßt.«

- Vergleiche:
  »Du warst schon mal mit einem solchen Peter-Pan-Typen zusammen. Erinnerst du dich an Bernie?«
  »Sie erinnert mich an deine erste Frau – besonders die Eifersucht.«
- Bist du sicher?
  »Bist du sicher, daß er dir über seine Wochendfahrten die Wahrheit sagt?«
  »Ich weiß, sie benimmt sich, als wärst du der einzig Wahre, aber bist du sicher?«
- Ich persönlich finde, du brauchst …
  »Ich persönlich finde nicht, daß ihr zusammenpaßt, Viola. Ich finde, du brauchst jemanden, der mehr für dich da ist.«
- Als dein Freund/deine Freundin …
  »Als dein Freund muß ich dir sagen, ich glaube, Brad lügt, was seine Geschäftsreisen betrifft.«
  »Ich sage dir dies als Freundin. Sie scheint sich sehr für dein Geld zu interessieren.«

Was tun in Gegenwart eines Paares, das sich streitet?

Bonnie und Larry freuten sich auf einen fröhlichen Trivial-Pursuit-Abend bei Todd und Edna. Das Zusammensein jedoch endete jäh im Zoff, als Todd den einzigen Rock-and-Roll-Star, der auf einer Briefmarke verewigt ist, nicht nennen konnte und Edna ihn daraufhin einen Kulturbanausen schimpfte. Nachdem er seinen Spielstein hingeworfen hatte, stürmte Todd vom Tisch, warf sich vor den Fernseher und stellte ihn ganz laut. Während Edna Todd mit weiteren Beschimpfungen bombardierte, tuschelten Bonnie und Larry, was zu tun sei.

Manche Paare machen ihrem Ärger gern vor Publikum Luft, weil es dabei nicht möglich ist, wirklich ernste Differenzen auszutragen. Edna zum Beispiel benutzte das Spiel um Wissen, um ihre Enttäuschung über Todds mangelnde Bildung an ihm auszulassen. Einige andere strecken dadurch die Hand nach Hilfe aus, und Sie sind dann der Rettungsanker. Andere Paare setzen ihren Privatkrach einfach vor Publikum fort, ohne daß sie diese Öffentlichkeit auch nur im geringsten kümmert. So unbehaglich Ihnen zumute ist, sicher wollen Sie die Sache nicht noch verschlimmern, indem Sie in eine Manege treten, ohne die wilden Tiere zu kennen, die hinter dem Vorhang lauern.

Wenn aus einem Vierertreffen ein Zirkus wird

1. *Bleiben Sie der Manege fern.* Wenn Sie sich auf die eine oder die andere Seite schlagen, verschlimmern Sie nur den Konflikt. Klugerweise verkniff sich Bonnie ihre Fassungslosigkeit, daß Todd bei einer so einfachen Frage passen mußte, während Larry es unterließ, Edna zu kritisieren, weil sie an Todd herummäkelte. Partei zu ergreifen könnte der Freundschaft schaden, da ein Paar oft bereit ist, sich Dinge zu verzeihen, die man sich gegenseitig an den Kopf geworfen hat, nicht aber das, was ein Außenstehender einwirft.

2. *Rufen Sie zum Waffenstillstand auf.* Wenn Sie die beiden gut genug kennen und ein Wort einwerfen können, dann fordern Sie sie auf, dem Frieden eine Chance zu geben. Humor ist hier äußerst hilfreich.

»Wir fänden es prima, wenn Ihr euch wieder an den Tisch

setzen würdet. Ich will meine Chance nicht verspielen, zur Abwechslung mal zu gewinnen.«

»Wenn wir uns am Tisch zwischen euch setzen, können wir dann weiterspielen?«

»Regel Nr. 23 lautet, man darf erst vom Tisch aufstehen, wenn einer gewonnen hat. Kommt, beenden wir das Spiel!«

3. *Verlassen Sie die Haupttribüne.* Wenn die beiden Kampfhähne sich weiter in den Haaren liegen und es Ihnen zu brenzlig wird, stehen Sie auf und teilen Sie ruhig mit, daß Sie nach Hause gehen. Das könnte den Effekt haben, daß die entzweiten Eheleute sich beruhigen, weil sie erkennen, daß sie auch Ihnen den reizenden Abend ruinieren. Wenn die Zuschauer des Zwistes zugleich die Gastgeber sind, könnte es helfen, die Duellanten auf humorvolle Weise dazu zu bringen, sich auf ihre Gastrolle zu besinnen.

»Hoffentlich fangt ihr zwei nicht an, mit unserem guten Porzellan zu werfen. Sollen wir gehen?«

4. *Halten Sie eine Nachlese.* Wenn Ihre guten Freunde sich an die Kehle gehen oder das Essen nicht überstehen, ohne aus der Haut zu fahren, können Sie Ihre Besorgnis zum Ausdruck bringen, indem Sie einige Zeit später anrufen und ihnen ermöglichen, über die Unstimmigkeiten zu reden.

»Todd, du und Edna habt euch ja neulich abends schwer in der Wolle gehabt. Ist alles in Ordnung?«

»Edna, hast du dich wieder mit Todd vertragen, als wir weg waren?«

Die Familie meines Partners/meiner Partnerin stellt Fragen, die ich als zu persönlich empfinde

Einerlei, wie stark sich jemand berechtigt fühlt, etwas über Ihre persönlichen Angelegenheiten in Erfahrung zu bringen, Sie müssen nicht antworten, wenn eine Frage einen Bereich berührt, den Sie lieber für sich behalten wollen. Auch wenn Sie am liebsten »das geht dich nichts an« erwidern würden, ist Takt geboten, um einer Familienfehde aus dem Weg zu gehen. Machen Sie sich bewußt, daß die Verwandten Sie womöglich als Geheimgang zu Informationen betrachten, nach denen sie Ihre Partnerin/Ihren Partner ungern direkt fragen möchten. Probieren Sie folgende Kniffe, um Ihre Geheimnisse mit einem Lächeln vor dem Gelüftetwerden zu bewahren.

Antworten verweigern, ohne zu kränken

1. *Wechseln Sie das Thema.* Leiten Sie die Frage um, indem Sie sie auf ein ähnliches, aber abgelegeneres Gleis rangieren.

Die Frage: »Gil, hat Gina ihre Diät schon wieder aufgegeben?«

Ihre Antwort: »Ich bin nicht sicher, ob eine Diät wirklich was bringt. Ich habe von einem neuen Studienergebnis gelesen, wonach die wirkungsvollste Methode, um abzunehmen, täglich eine halbe Stunde spazierengehen ist.«

2. *Verallgemeinern Sie.* Statt die Frage exakt zu beantworten, warten Sie mit einer weitschweifigen Erwiderung auf, die nichts Persönliches preisgibt.

Die Frage: »Warum wechselt Bobby (Ihr Sohn) dauernd die Schule? Weiß er nicht recht, was er will?«

Ihre Antwort: »Viele junge Leute haben es heutzutage schwer, sich zurechtzufinden.«

3. *Übertreiben Sie.*

Die Frage: »Toll, daß du endlich 'nen Job gefunden hast. Was zahlen sie dir?«

Ihre Antwort: »Mann, ich glaube, er hat was von einer Million gesagt.«

4. *Seien Sie humorvoll.*

Die Frage: »Wann willst du endlich deine überflüssigen Pfunde loswerden?«

Ihre Antwort: »Ich weiß nicht. Ich möchte am Hella-von-Sinnen-Ähnlichkeitswettbewerb teilnehmen.«

5. *Reden Sie sich auf Ich-hab-versprochen-es-nicht-weiterzusagen heraus.* Schieben Sie vor, einem anderen zuliebe schweigen zu müsssen, um zu erklären, weswegen Sie unmöglich reden können.

Die Frage: »Wieviel hast du für deinen Wagen bezahlt?«

Ihre Antwort: »Das war so ein günstiges Geschäft, daß ich dem Verkäufer versprochen habe, seinen Job nicht zu gefährden, indem ich es weitersage.«

6. *Stellen Sie sich dumm.* Mit der Äußerung »ich weiß es nicht« liegen Sie nie verkehrt.

Die Frage: »Wie stehen deine Aktien?«

Ihre Antwort: »Ich habe den Kurs in letzter Zeit nicht verfolgt.«

7. *Geben Sie ein anderes Geheimnis preis.* Befriedigen Sie die Neugierde Ihres Gegenübers mit einer persönlichen Information, die mitzuteilen Ihnen nichts ausmacht und die die Fragestellerin vermutlich genauso wissenswert findet.

Die Frage: »Wann wollt ihr zwei denn Kinder haben?«

Ihre Antwort: »Stell dir vor, aber sag's bloß nicht weiter, wir haben einen Antrag auf Aufnahme ins Friedenskorps gestellt.«

Seine Verwandten wollen von dem Nachnamen, den ich verwende, nichts wissen

Barbara Stock hatte eher praktische als politische Gründe, ihren Geburtsnamen zu behalten, als sie heiratete. Sie betrieb seit zehn Jahren mit Erfolg eine Boutique namens Stocks Stube und war stolz darauf, sich als deren Besitzerin einen Namen gemacht zu haben. Aber ihre Schwiegereltern, die Schneebergers, adressierten alle für das Ehepaar bestimmte Post mit »Herrn und Frau Johann Schneeberger.« Als Papa Schneeberger Barbara auf einer Familienfeier entfernten Verwandten als »Barbie Schneeberger« vorstellte, sagte Barbara ungehalten: »Mein Name ist Stock, nicht Schneeberger.« Ihr Schwiegervater entgegnete: »Du bist mit meinem Sohn verheiratet, und er ist ein Schneeberger«, worauf Barbara sich am liebsten auf der Stelle von ihren Schwiegereltern hätte scheiden lassen.

Wenn Ihre Schwiegereltern Sie mit einem falschen Nachnamen, nämlich ihrem eigenen, bedenken, hat das etwas mit Wunscherfüllung zu tun. Sie glauben, um eine richtige Familie zu sein, müssen Sie alles teilen, den Nachnamen inklusive. Obwohl Sie und Ihr Mann mit Ihren verschiedenen Familiennamen ganz zufrieden sind, machen sich Mama und Papa vielleicht Sorgen, uneinheitliche Nachnamen könnten ein schlechtes Omen für die Ehe sein. Bedenken Sie, daß auch Sie mit der Beibehaltung Ihres Namens eine Aussage machen – Sie zeigen, daß Sie sich eine von Ihrem Ehepartner unabhängige Identität bewahren wollen. Bindestrich-Paare, wie John und Cara Wilson-Fitz, zeigen, daß ihnen Gleichheit wichtig ist.

Da unser Name etwas Grundlegendes ist, erwarten wir von Menschen, die uns nahestehen, daß sie ihn akzeptieren und gebrauchen, auch wenn sie unsere Ansichten nicht teilen. Hier einige Möglichkeiten, der Verwandtschaft zu helfen, den richtigen Namen mit Ihrem Gesicht zu verknüpfen.

Helfen Sie anderen, Sie richtig beim Namen zu nennen

1. *Sagen Sie es klar und deutlich.* Setzen Sie nicht voraus, daß die Verwandtschaft Ihre Namenswahl durch ein, zwei zurückgeschickte Sendungen intus hat. Wenn Sie heiraten, sich scheiden lassen oder Ihren Namen aus Jux und Tollerei ändern, erklären Sie ausdrücklich, wie Ihr alter oder neuer Name lautet.

»John und ich werden unsere Nachnamen mit Bindestrich schreiben, es heißt also John und Cara Wilson-Fitz.«

»Ich habe meinen Namen nicht abgelegt, als wir geheiratet haben, heiße also immer noch Barbara Stock, genau wie vorher.«

2. *Wiederholen Sie es klar und deutlich.* Wenn Sie das erste Mal mit dem falschen Namen vorgestellt werden, berichtigen Sie die Sache freundlich. Nehmen Sie an, daß Mama und Papa Sie nicht absichtlich haben kränken wollen.

»Oh, Ihr habt es wohl vergessen. Ich heiße Wilson-Fitz, nicht Wilson.«

»Vergeßt nicht, ich heiße immer noch Barbara Stock.«

»Könntet ihr in Zukunft wohl ›Dr. und Dr.‹ auf den Umschlag schreiben? Lila und ich sind beide Dr. med.«

3. *Treten Sie die Flucht nach vorne an.* Beugen Sie dem Vergessen mit folgenden wirksamen Taktiken vor:

- Bei Familienzusammenkünften stellen Sie sich einfach als erste vor.
- Veranlassen Sie Ihren Mann, Sie vor den Missetätern mit Ihrem richtigen Namen zu erwähnen.

»Neulich hat mich mein Zahnarzt gefragt: ›Sind Sie der Mann von Barbara Stock?‹«

4. *Geben Sie's auf.* Wenn zwei, drei Verbesserungsversuche nichts helfen, lassen Sie die Namensaffäre auf sich beruhen. Vorurteile, Begriffsstutzigkeit oder Unsensibilität auf seiten der Verwandten sind zwar unangenehm, aber relativ schmerzlos. Korrigieren Sie sie ruhig weiter, aber erwarten Sie nicht, daß sie sich ändern.

Professioneller reden, Kommunikation am Arbeitsplatz

Meine harmlosen Bemerkungen werden als sexuelle Belästigung empfunden

Es ist ratsam, sorgsam darauf zu achten, was einem am Arbeitsplatz über die Lippen kommt, besonders wenn man es mit jemanden vom anderen Geschlecht zu tun hat. Vor allem Frauen reagieren hier empfindlicher als anderswo auf Anreden, die einem den Arbeitstag verderben, wenn nicht Schlimmeres anrichten können.

Die schlimmste und offensivste verbale sexuelle Belästigung geschieht häufig während Einstellungsgesprächen beziehungsweise bei der Entlassung (»Ich nehme Sie gerne in mein Team auf, wenn Sie nach der Arbeit mit zu mir kommen.«). Schlüpfrigkeiten oder ständige sexuelle Anspielungen erzeugen eine einschüchternde Arbeitsatmosphäre. (Dem Richter Clarence Thomas wurde genau dies zur Last gelegt, nämlich seine Assistentin Anita Hill andauernd mit pornographischem Gerede bombardiert zu haben.)

Seien Sie sich darüber im klaren, daß Ihre Kollegin, auch wenn Sie ihr mit Anspielungen auf ihr oder Ihr eigenes Aussehen, auf den Körper, auf sexuelle Handlungen, Begierden oder Gewohnheiten nichts Böses *wollen*, sich trotzdem peinlich berührt oder schlecht behandelt fühlen kann.

Caroline erzählte ihrem Chef Danny eines Montags, daß sie am Wochenende im Garten gearbeitet habe. Er lächelte sie an und witzelte: »Sie müssen klasse aussehen auf Knien.« Einen Monat später erhielt Danny einen Brief vom Gleichstellungsbeauftragten der Firma, der ihn darüber informierte, daß Caroline ihn wegen sexueller Belästigung angezeigt habe. Danny war erschüttert, daß Caroline formell Klage eingereicht hatte, und er erklärte, daß er und Caroline schon seit Monaten harmlos miteinander plänkelten. Aber er hatte ihre Signale mißverstanden und so seinem Witz eine verhängnisvolle Pointe gegeben.

Safe Talk mit dem anderen Geschlecht: Wie Sie verbale sexuelle Belästigung vermeiden

1. *Abstinenz.* Sie geraten nicht in die Bredouille, wenn Sie sich jegliches sexbezogene Gerede verkneifen. Sie dürfen nicht annehmen, daß sexuelle Bemerkungen angebracht seien. Wenn Sie einen Drang verspüren, solches Gerede zu provozieren oder im Mund zu führen, sei es mit oder ohne lüsterne Blicke, Anfassen, flüchtiges Streifen oder anderes anzügliches Verhalten, müssen Sie sich entweder beherrschen oder den Beistand eines Therapeuten suchen.

2. *Mit Vorsicht vorgehen.* Sollten Sie vor Drang platzen, einen schlüpfrigen Witz zum besten zu geben, erzählen Sie einen von der harmloseren Sorte und beobachten Sie die Reaktion. Wenn Ihre Zuhörerin sich ihrerseits mit einer unflätigen Geschichte revanchiert, wenn sie schallend lacht oder fragt, ob Sie noch mehr solche Witze auf Lager haben, spricht alles dafür, daß Sie sie amüsiert haben. Aber achten Sie auf Zeichen, daß sie sich abgestoßen fühlt – hier müssen Sie sich zügeln:

- Sie wird rot, lacht nervös, zappelt oder läßt andere Anzeichen von Unbehagen oder Verwirrung erkennen. Sie haben sie belästigt! Stop!
- Sie ignoriert Ihre Bemerkungen, indem sie das Thema

wechselt. Eine Untersuchung ergab, daß sechsundsiebzig Prozent der belästigten Frauen die Strategie des Ignorierens auch dann noch anwendeten, wenn der Belästiger die versteckte Aufforderung, sein Verhalten zu ändern, nicht verstand.

- Sie schweigt. Wie so viele Leute zeigte Caroline auf diese Weise ihre Verlegenheit. Danny hätte es merken müssen.
- Sie bittet Sie, aufzuhören. Das erfordert von den meisten Menschen Mut, insbesondere, wenn Sie auf einer höheren Stufe der Leiter stehen. Wer Sie bittet aufzuhören, meint es bestimmt ernst.

3. *Machen Sie Ihren Fehler wieder gut.* Zeigen Sie Reue, sobald Sie das leiseste Anzeichen erhalten, daß Sie beleidigend waren. Die Unsensibilität des Belästigenden ist es oft, die das Opfer schnurstracks ins Personalbüro eilen läßt. Ihr Ausfall wird Ihnen vielleicht verziehen, wenn Sie sich entschuldigen und darauf verzichten, es wieder zu tun.

»Ich wollte nicht gemein sein. Bitte verzeihen Sie mir.«

»Au weia, das ist mir einfach so rausgerutscht, und jetzt habe ich Sie beleidigt. Tut mir leid, das wollte ich nicht.«

»Jetzt habe ich mich wie ein Fiesling benommen! Tut mir leid.«

»Darf ich die Bemerkung zurücknehmen? Das war ungehörig.«

Ich fühle mich unwohl, wenn ich vor einem ausschließlich weiblichen/männlichen Publikum eine Rede halte

Obwohl die Arbeitsplätze seit den sechziger Jahren zunehmend von beiden Geschlechtern gleichermaßen besetzt werden, gibt es nach wie vor viele Situationen, wo etwa eine Frau eine Rede vor einem rein männlichen Publikum halten muß. Da in Amerika Frauen nur zwei Prozent des Top-Managements ausmachen, ist eine weibliche Spitzenkraft im Konferenzraum oft die einzige Vertreterin ihres Geschlechts. Wie Jill, langjährige Personalchefin einer großen Hotelkette, mir sagte: »Ich mag's nicht, wenn ich die einzige Frau unter lauter Männern an der Führungsspitze bin.« Obwohl kein verschreckter Typ, wollte Jill ein Echo, ob ihr Vortrag zu langweilig oder aber zu anspruchsvoll war – eine häufige und verständliche Besorgnis bei Frauen, die sich vor überwiegend männlichem Publikum präsentieren müssen.

Von Männern höre ich seltener, daß sie sich von einem ausschließlich weiblichen Publikum eingeschüchtert fühlen, und oft genießen sie die Aufmerksamkeit. Aber das Hahn-im-Korb-Gehabe hat seine Tücken. Jack, Vertreter eines Schulbuchverlags und ein glänzend aussehender Mann, glaubte, sich vor einem Publikum, das aus Grundschullehrerinnen bestand, nicht sonderlich anstrengen zu müssen. Jack war überzeugt, daß die Lehrerinnen schon deshalb hingerissen waren, weil sie einen halbwegs anständig aussehenden Mann vor sich hatten. Er war baß erstaunt, als sein Vorgesetzter ihn anwies, seinen Sex-Appeal zu bremsen. Dabei hatte Jack gedacht, gerade der sei sein bestes Verkaufsargument. Bevor Jack und Jill das nächste Mal eine Rede vor einem andersgeschlechtlichen Publikum halten, sollten sie folgendes beherzigen.

Wissenswertes für Jill, wenn sie beim Reden überzeugen will

1. *Vermeiden Sie mädchenhaftes, sexy oder albernes Getue, wenn Sie respektiert werden wollen.* Legen Sie sich eine selbstbewußte Haltung zu: Füße etwas auseinander (etwa schulterbreit), straffe Gestik, die sich oberhalb der Taille abspielt. Vermeiden Sie es, sich klein zu machen, indem Sie die Schultern hängen lassen, in einem viel zu großen Sessel Platz nehmen oder sich hinter einem Lesepult verschanzen.

2. *Seien Sie dezent in Erscheinung und Auftreten.* Meiden Sie alles, was vom Geschäftlichen ablenkt – zu viel Parfüm, zu hohe Absätze, zu kurze Röcke, zu grelle Farben, und natürlich zu viel Puder und Wimperntusche.

3. *Lassen Sie sich durch steinerne Mienen nicht beirren –* Männer sind sparsamer mit Mimik als Frauen. Wehren Sie sich aber auch nicht gegen Achtungsbezeugungen. Wenn zwölf Vorstandsmitglieder sich erheben, sobald Sie den Raum betreten, so geschieht das aus Rekspekt. (Zum Umgang mit Vertraulichkeiten, vgl. jedoch ›Ich kann es nicht ausstehen, wenn sie mich bei der Arbeit »Schätzchen« nennen‹, S. 233ff.)

4. *Meiden Sie Kommunikationsgewohnheiten, die Ihre Absicht unterhöhlen könnten.* Männliches Publikum zieht Logik der Emotion vor. Seien Sie Sie selbst, aber:

- Seien Sie direkt, nicht langatmig.
- Machen Sie eine entspannte, aber keine allzu gefühlsselige Miene.
- Vermeiden Sie es, Beifall zu heischen, sei es direkt oder indirekt. Rücken Sie die Ideen in den Vordergrund, nicht Ihren Wert als Präsentierende.
  Sagen Sie nicht: »Habe ich mich klar ausgedrückt?«
  Versuchen Sie es mit: »Kann ich sonst noch etwas tun, um Ihr Verständnis des Bauplanes zu vertiefen?«

- Senken Sie am Ende eines Satzes die Stimme.
  Sagen Sie nicht: »Diese Kollektion hat in den kalifornischen Geschäften nicht gut eingeschlagen?« (So als bäten Sie um Bestätigung von etwas, das Sie längst wissen.)
  Versuchen Sie es mit: »Diese Kollektion hat in den kalifornischen Geschäften nicht gut eingeschlagen.«
- Unterlassen Sie dramatische emotionale Äußerungen wie:
  »Dieser Plan ist ja sooo effektiv.«
  »Es kann losgehen, wirklich und wahrhaftig, das wird eine phantastische Neuorganisation.«

So kann Jack vermeiden, einen Absturz zu erleiden

1. *Bilden Sie sich nicht ein, Sie können nichts falsch machen, bloß weil Sie ein Mann sind.* Frauen sind sehr kritisch in ihrer Beurteilung männlicher Repräsentanten.

2. *Fügen Sie in Ihre Rede Beispiele ein, und appellieren Sie an Gefühle, bringen Sie nicht nur Daten und Fakten.* Das nimmt jedes Publikum für Sie ein, ganz besonders Leute, die in ihrem Beruf viel mit Menschen zu tun haben.

3. *Vermeiden Sie ein Auftreten, das als autoritär oder arrogant aufgefaßt werden kann.* Ein weibliches Publikum wird Ihren Stil als herablassend beurteilen. Das sollten Sie also nicht tun:

- Einen Befehl erteilen: »Jede von Ihnen muß einen Musterkoffer ordern.«
- Die Position einer Gegnerin angreifen: »Ich begreife nicht, wieso Sie denken, daß das alte Lehrbuch die Grundbegriffe besser vermittelt als das neue.«
- Blind urteilen: »Wir haben keine Konkurrenz. Das sind alles Nieten.«
- Sich Vertraulichkeiten herausnehmen. – Warum nicht? Sie-

he ›Ich kann es nicht ausstehen, wenn sie mich bei der Arbeit »Schätzchen« nennen‹, S. 233ff.

- Damen als »Mädels« bezeichnen.

4. *Zeigen Sie Wärme, machen Sie sich das Publikum gewogen, merken Sie sich die Namen Ihrer Zuhörer, plaudern Sie mit ihnen, und lassen Sie ruhig hier und da eine selbstkritische Bemerkung einfließen.*

»Meine Fau sagt, ich finde manchmal kein Ende. Also keine Höflichkeit – unterbrechen Sie mich ruhig.«

Ich möchte mein Publikum fesseln, während ich rede

Sie tun gut daran, sich Gedanken darüber zu machen, wie Sie, während Sie sprechen, Ihr Publikum wachhalten – die Mehrzahl der in einer Untersuchung befragten Führungskräfte gab zu, während mindestens eines trockenen Vortrags im Vorjahr eingenickt zu sein. Wie andere Rhetoriktrainer habe auch ich beobachtet, daß jedes Geschlecht charakteristische ermüdende wie auch belebende Redeeigenschaften hat.

Mehr Frauen als Männer verfügen über eine variantenreiche Betonung und über eine größere Skala in der sogenannten Vokalvariation. Aber auch in ihrer Ausdrucksweise lebendige Frauen können ihre Zuhörer langweilen, wenn alle Sätze mit ähnlicher Betonung ausgesprochen werden und so monoton wirken. Da Frauen dazu neigen, sich einer präziseren Artikulation und weniger umgangssprachlicher beziehungsweise regionaler Idiome zu bedienen als Männer, laufen sie Gefahr, zu geschliffen und gewählt zu klingen.

Auf der anderen Seite gleichen Männer ihre weniger lebhafte Betonung durch ihre reichhaltigere Stimm- beziehungsweise Tonresonanz und ihre tiefere Stimmlage aus. Zudem fällt es Männern durch ihren Hang zu größerer Lautstärke leichter, die Aufmerksamkeit ihres Publikums zu fesseln.

Donna, eine Augenärztin, die auf internationalen Kongressen Vorträge über ihre Hornhautentfernung hielt, ließ das strenge Sprachtraining, das sie als junges Mädchen absolviert hatte, erkennen, indem sie jedes »ung«, »cht« und »t« überbetonte. Hiermit und mit dem konstanten Rhythmus ihrer Sätze brachte sie in nahezu jedem Publikum mindestens einen Zuhörer zum Einnicken. Sogar bei privaten Anlässen war ihre Aussprache so perfekt, daß sie am Telefon manchmal für ihren eigenen Anrufbeantworter gehalten wurde.

Vico, ihr Kommilitone an der medizinischen Fakultät, bewies eine typisch männliche Monotonie – er hob kaum die Stimme oder Lautstärke, wurde am Ende seiner Sätze ermüdend leise. Um Augen am Zufallen zu hindern, mußten Donna und Vico ihren Vortrag mit Leben erfüllen.

Von lax zu lebhaft

1. Geben Sie bestimmten Wörtern Pep. Reißen Sie Ihr Publikum mit, indem Sie in jedem Satz ein Wort hervorheben. Bringen Sie dieses Wort

- höher,
- lauter oder
- länger.

Hinweis: Betonen Sie Adjektive (ein *außerordentliches* Ereignis), Zahlen (um *fünfzig Prozent* effektiver) oder starke Verben (er *flog* über das Spielfeld).

2. *Haushalten Sie mit Ihrer Energie.* Manche Redner be-

ginnen mit Bravour und werden im Laufe des Vortrags immer flacher. Wenn Sie über längere Zeit reden, verwenden Sie Hilfsmittel, um die Begeisterungsmaschine flott zu halten. (Vico schrieb »Vv« an den oberen Rand seiner Vortragsnotizen über Primärkosten, um sich daran zu erinnern, Vokalvariationen einzusetzen.)

3. *Männer: Dehnt euer Stimmvolumen.* Vielen Männern fällt es schwer, bei Schlüsselworten die Stimme zu heben. Um überzeugender zu sein, versuchen Sie, bei dem in folgendem Satz jeweils hervorgehobenen Wort einen halben oder ganzen Ton höher zu gehen:

Dies kann einen bedeutenden Unterschied ausmachen.

Dies *kann* einen bedeutenden Unterschied ausmachen.

(Und so weiter). Üben Sie weiter, indem Sie täglich fünf Minuten ein Buch oder die Zeitung laut lesen.

4. *Frauen: Traut euch einmal, anders zu sein.* Lockern Sie die Perfektion auf, geben Sie jedem Satz ein charakteristisches, ja überraschendes Gepräge. Hier ein paar Ideen:

- Variieren Sie die Länge sowohl der Sätze als auch der Pausen in oder zwischen den Sätzen, um Ihre Informationen wirken zu lassen.

  »Was wir brauchen – (Pause) und ich bin zuversichtlich, daß wir das im dritten Quartal durchziehen können – (Pause), ist der Schritt hin zur totalen Qualitätskontrolle.«
- Ziehen Sie den Vokal eines Schlüsselwortes in die Länge, um es eindringlicher und kühner klingen zu lassen.

  »Sie haben den riiiichtigen Riecher!«
- Variieren Sie Ihre Lautstärke. Wenn Sie von Haus aus laut sprechen, werden Sie bei einem Satz gelegentlich etwas leiser. So hören Sie sich intimer und vertraulicher an. Wenn Ihnen die leisen Töne mehr liegen, werden Sie an den Stellen, die Sie unterstreichen wollen, lauter. So wirken Sie überzeugender.

Ich möchte, daß meine Stimme professioneller klingt

Untersuchungen über den Eindruck, den männliche und weibliche Stimmen erzeugen, haben ergeben, daß Frauenstimmen als weniger autoritär und geschäftsmäßig empfunden werden als Männerstimmen. Aber diese Ton- und Geschlecht-Geschichte hat zwei Seiten. In einer Studie, die das Institut für Angewandte Psychologie durchführte, wurde festgestellt, daß Katastrophen weniger schrecklich wirken, wenn die Nachrichten von einer Frau gelesen werden.

Kommunikationsforscher haben auch unterschiedliche Merkmale für die ideale Stimme bei Männern und Frauen herausgefunden. In einer neueren Untersuchung wurden die Teilnehmenden gebeten, die ideale Stimme im allgemeinen und dann die ideale männliche und die ideale weibliche Stimme zu beschreiben. Sowohl die ideale allgemeine Stimme als auch die ideale männliche Tonlage waren tief, aber die ideale weibliche Tonlage war den Ergebnissen zufolge mittelhoch. Weil so viele bekannte Nachrichtensprecherinnen eher tiefe Stimmlagen haben und weil meine Klientel eine große Bewunderung für die Ausstrahlung von Lauren Bacall und Kathleen Turner hegt, nehme ich an, daß auch die ideale weibliche Stimmlage nach tief tendiert.

Die Probanden bevorzugten bei Frauen auch eine zurückgenommene, gedämpftere Lautstärke als die, die sie im allgemeinen und bei Männern als ideal betrachteten. So mag eine Frau, die zu lauten Tönen neigt, als schroffer beurteilt werden als ein Mann mit demselben Dezibelpegel.

Offenbar wird Männern ein breiterer Stimmbereich zugestanden. Eine kehlige Stimme – wie sie zum Beispiel sowohl für Kirk wie auch für Michael Douglas charakteristisch ist –

galt bei Frauen als unintelligent, uninteressant und unwirsch, aus Männermund dagegen als Zeichen von Erfahrung und Ausgeglichenheit.

Das heißt aber nicht, daß Männer annehmen dürfen, ihre Stimme würde von Natur aus das gewünschte Bild projizieren. Ich habe zahlreiche Männer beraten, die mit so tiefer Stimme sprachen, daß sie kaum Raum für Ausdrucksvariationen hatten. Andere hatten einen monotonen Tonfall oder mußten lernen, Lautstärke und Tempo denjenigen anzugleichen, mit denen sie kommunizierten. Beide Geschlechter können von einigen Tips profitieren, um ihrer Stimme einen garantiert professionellen Klang zu geben.

Tongeschlecht – Geschlechtston: Erfolgsklänge in Dur und Moll

1. *Klingen Sie so voll und warm wie möglich.* Hieran müssen Sie arbeiten, wenn man Sie aufgrund Ihrer Stimme für steif, formell oder distanziert hält oder wenn Ihre Stimme nicht ganz erwachsen klingt. Geben Sie Ihrer Stimme mehr Resonanz und Rundung, ohne jedoch an Lautstärke zuzulegen, dann klingelt sie wie eine Million Mark.

Stellen Sie sich Ihre Stimme als einen Pfeil vor, der von Ihrem Bauch ausgehend durch Ihre Stimmbänder schwirrt und Ihren Mund anfüllt, bevor er ihn verläßt, um sein Ziel zu erreichen. Üben Sie für den Anfang mit einsilbigen Wörtern. Männer mit einer tiefen und zugleich vollen Stimme müssen ganz besonders auf Klarheit, Endungen und Aussprache achten, die in ihrem weichfließenden Ton unterzugehen drohen.

Um einen warmen Klang zu erzielen, stellen Sie sich vor, daß Sie Ihre Worte sachte rausströmen lassen, statt sie in schneller Folge abzufeuern. Es hilft, ein-, zweimal täglich die

Stimmbänder zu entspannen und dann einen Seufzer auszustoßen. Statt nach einem Befehle bellenden Feldwebel werden Sie sich mehr nach dem Helden Ihrer (oder ihrer) Träume anhören.

2. *Achten Sie auf Ihre Lautstärke.* Beide Geschlechter klingen überzeugender, wenn sich ihr Stimmpegel im mittleren Bereich hält. Besonders Männer sollten, wenn sie in einer Frauengruppe oder zu leisen Leuten beiderlei Geschlechts sprechen, darauf achten, ihren Dezibelpegel zu senken. Ich habe mit vielen stillen Menschen gearbeitet, überwiegend Frauen, aber auch einigen Männern, die eine erhöhte stimmliche Intensität fälschlicherweise mit Zorn gleichsetzen. Aber was in ihren Ohren nach Wut klingt, ist meist nur erhöhte Lautstärke.

3. *Klingen Sie tief, aber nicht zu tief.* Männer wie Frauen sind am besten beraten, wenn sie ihre Stimmlage auf die mittleren bis tieferen Töne ihres Stimmbereichs konzentrieren. Leute mit tieferer Stimme gelten als entspannter, geselliger und glaubhafter. Doch wenn Sie zu tief hinuntergehen, bekommt Ihre Stimme einen müden, rissigen Klang.

Um eine angenehm tiefe Stimmlage zu erzielen, atmen Sie tief durch, und sagen Sie beim Ausatmen »ah-hah«. Diese einfache Methode hilft Ihnen, Ihre beste persönliche Stimmlage zu orten. Bedenken Sie, daß eine ungewöhnlich hohe oder tiefe Stimmlage bei Männern wie Frauen physische Ursachen haben kann, deswegen sollten Sie bei ernsten Beschwerden einen Spezialisten für Stimmprobleme aufsuchen.

Extreme Stimmlagenwechsel, die bei Frauen wegen ihrer größeren stimmlichen Ausdruckskraft eher vorkommen als bei Männern, können Zuhörer aufschrecken. Eine Anwältin hatte sich angewöhnt, in der Stimmlage einer bekannten Nachrichtenmoderatorin zu sprechen. Leider hatte sie es versäumt, auch die Höhe ihres Gelächters zu mäßigen, das sich inmitten ihres angenehmen Redeflusses anhörte wie der Schrei einer Hyäne.

Die Leute achten bei unseren Besprechungen viel mehr auf das, was Männer vorbringen

Viele meiner Klientinnen erklären, daß sie sich bei Arbeitsbesprechungen weniger beachtet fühlen und man ihnen daher Kompetenz abspricht. Überhaupt das Wort zu ergreifen, einen Einwurf zu machen, am Ball zu bleiben und zu erreichen, daß ihre Meinung respektiert wird, läßt ihre wöchentliche Strategiebesprechung eher nach einem Kommunikationskampf aussehen. Ich kann sie jedoch beruhigen, daß Sie sich nicht von einer Superfrau zu einem sprachlosen Mäuschen zurückentwickelt haben. Die Hindernisse für Frauen, sich in gemischten Gruppen durchzusetzen, sind hinlänglich dokumentiert, und es ist wichtig, daß beide Geschlechter sie kennen.

Zusammenkünfte und Männer

Folgende Kommunikationsstereotypen, wie sie Männer unbewußt anwenden, steigern das männliche Behagen und das weibliche Unbehagen:

- ganz allgemein mehr reden
- mehr Themen, Ansichten, Lösungen aufs Tapet bringen
- andere unterbrechen, vorwiegend Frauen
- nicht auf die Bemerkungen von anderen eingehen, besonders von Frauen

- Themen ignorieren, die andere zur Sprache bringen
- auf Fragen antworten, die nicht an sie gerichtet sind
- laut, lang und hemmungslos labern

Anmerkung: Sogar in einer Schule mit überwiegend weiblichen Lehrkräften wird den Jungen im Klassenzimmer mehr Beachtung, Ermutigung und Redezeit gewährt.

Zusammenkünfte und Frauen

Folgende Kommunikationsstereotypen, wie sie Frauen unbewußt anwenden, steigern das weibliche Unbehagen und bestärken die Männer in ihrem Verhalten:

- keine Themen aufs Tapet bringen
- einem Thema zustimmen, das jemand anders zur Sprache bringt
- während der Pause selten auf jemand anderen zugehen
- in Schweigen verfallen, wenn ihre Ideen unbeachtet bleiben
- mehr Unterstützung und Zustimmung als Ideen beisteuern
- mit leiser Stimme sprechen – so daß sie manchmal buchstäblich nicht zu verstehen sind
- einfach nur passiv beobachten

Die goldene Mitte

Werden folgende Kommunikationsstrategien von Männern und Frauen bewußt angewandt, können sie bei Besprechungen in gemischten Gruppen das Behagen der Frauen steigern und es den Männern ermöglichen, ihre starke Position zu behaupten.

Männer:

1. Ihrer Kollegin steht das Recht zu, nicht unterbrochen zu

werden. Sprechen Sie erst, wenn sie ihren Gedanken zu Ende geführt hat.

2. Zügeln Sie Ihren Hang, Ihre Meinung aus dem Kontext der anderen Positionen herausgelöst vorzubringen. Beginnen Sie Ihren Beitrag mit unterstützenden Formulierungen wie:

»Um auf Mary Anns Idee zurückzukommen …«

»Eine abteilungsübergreifende Schulungskonferenz hat ihr Pro und Contra.«

»Was sie sagt, finde ich sehr vernünftig.«

3. Bedenken Sie, daß Sie den Frauen vielleicht einiges an Erfahrung voraus haben, was das Reden in einer Gruppe betrifft. Fordern Sie eine Kollegin aktiv auf, ihren Beitrag zu leisten, vor allem, wenn sie neu in dieser Gruppe ist.

»Tracy, was meinen Sie zu einer abteilungsübergreifenden Schulung?«

4. Reden Sie nicht so viel. Im Verlauf einer Arbeitsbesprechung ist eine auf beide Geschlechter etwa gleichmäßig verteilte Beitragsbeteiligung von größtem Nutzen für das Ergebnis.

Frauen:

1. Melden Sie sich gleich zu Beginn der Versammlung zu Wort, um sich »warmzulaufen«.

2. Trainieren Sie, jemandes Bemerkung auf der Stelle aufzugreifen. In einer tempogeladenen Gruppe bedeutet schon eine Sekunde Zögern, daß Sie den Anschluß verpassen.

3. Seien Sie räumlich präsent, im körperlichen wie im verbalen Sinne. Setzen Sie sich aufrecht hin, die Hände vor sich auf dem Tisch ausgestreckt, und wählen Sie Ihren Platz in der Nähe des Vorsitzenden. Zwingen Sie sich, sich auf einer Versammlung so oft wie möglich zu Wort zu melden, einerlei, wie man auf Sie eingeht. Ihre Stimme sollte etwas lauter sein als normal.

4. Hüten Sie sich, zu oft einzulenken. Prägen Sie sich fol-

gende Formulierungen ein, die Ihnen ermöglichen, mit Ihrem Gedanken fortzufahren, wenn Sie unterbrochen wurden:

»Lassen Sie mich das zu Ende führen, Fred.«

»Wie ich soeben sagte ...«

Man wird Sie nicht so oft unterbrechen, wenn Sie Ihre Ausführungen so einleiten, daß die Gruppe weiß, worauf Sie hinauswollen.

»Lassen Sie mich drei Punkte für einen idealen Schulungsplan umreißen.«

5. Variieren Sie Ihre Bemerkungen. Neben Aussagen, die Zustimmung, Unterstützung und Lob beinhalten, versuchen Sie es mit Beiträgen folgender Art:

- abweichende Meinung;
- ausführliches Eingehen auf die Ausführungen anderer;
- den Brennpunkt in eine andere Richtung lenken;
- eine sorgfältig durchdachte und recherchierte Meinung;
- eine Zusammenfassung, wo die Gruppe steht und welchen Weg sie nehmen muß.

Er/Sie unterbricht mich dauernd

Beide Geschlechter können durch Unterbrechungen nerven oder genervt werden. Kommunikationsforscher haben jedoch mehrfach festgestellt, daß ab dem Alter von drei Jahren Männer dazu neigen, den Gesprächsball abzufangen. Frauen dagegen, ihn weiterzugeben. Wenn jemand sich herausnimmt, eine Unterhaltung zu unterbrechen oder an sich zu ziehen, so dient dies oft als Ausdruck von Überlegenheit oder Status. Trotzdem: Wenn Frauen den Männern das Feld überlassen, ist dies nicht so sehr ein Zeichen von Unterlegenheit als vielmehr ein Hinweis darauf, wie wichtig es für sie ist, anderen im Gespräch entgegenzukommen.

Aber auch entgegenkommende Menschen können als Einmischer auftreten. Frauen gewähren Gesprächspartnern gern Zuspruch und Zustimmung, oder sie schildern eine ähnliche Situation. (»Ich weiß, was du meinst, Bill. Meine Familie mußte sich genauso nach der Decke strecken.«) Sie möchte nur Einfühlungsvermögen bekunden, trotzdem könnte sie einen Mann verärgern, der keinen Wert auf wortreiche Unterstützung legt. (»Darum ging's mir nicht. Laß mich ausreden.«)

Männer fühlen sich auch von Frauen gestört, wenn sie sich voll auf ein Projekt – oder auch nur auf die Zeitung – konzentrieren wollen. Forscher glauben, daß Frauen eine größere Fähigkeit besitzen als Männer, mehr als einen Reiz gleichzeitig aufzunehmen. Während sie also nichts dabei finden, ihn abzulenken, wenn er sich im Fernsehen die Abendnachrichten ansieht, kann er das durchaus als grobe Störung empfinden.

Für Tina war ihr Laborkollege Rick eine Flasche in Sachen Kommunikation. Immer wenn sie anfing, ihm etwas auseinanderzusetzen, fiel Rick ihr ins Wort und lenkte das Gespräch in eine ganz neue Richtung. Rick fand, sie brauchten nicht übertrieben höflich zueinander zu sein, und er fragte sich, warum sie ihm nicht einfach Gleiches mit Gleichem vergalt. Tina hielt eine rüpelhafte Retourkutsche für keine gute Lösung. Sie wollte wissen, ob Ricks Ins-Wort-fall-Sucht heilbar sei. Wir diskutierten fünf »I« zur …

Unterbindung der Unterbrechung

Ignorieren. Sie können nicht gegen Ihren Willen unterbrochen werden. Wenn Sie das nächste Mal versucht sind einzulenken, denken Sie daran, daß Sie Vorrang haben. Hilfsmittel zum Ignorieren:

- Heben Sie den Zeigefinger.
- »Laß mich das zu Ende sagen.«
- »Halt – jetzt bin ich dran.«
- »Ich sagte gerade, daß …«
- Oder Tinas Lieblingssatz: »He, Rick, jetzt bin ich am Ball.«

Interpretieren der Intervention. Achten Sie darauf, ob die Einmischung System hat. Was will die unterbrechende Person erreichen? Welchem Zweck dient es, Ihnen ins Wort zu fallen?

- Umschalten:
  Er: »Wir müssen unbedingt …«
  Sie: »Meine Mutter kommt am Sonntag zu Besuch.«
- Besserwissen:
  Sie: »Wir müssen unbedingt Reagenz…«
  Er: »Ich hab dir doch gesagt, die Gläser von dieser Firma waren zu dünn.«
- Beipflichten:
  Er: »Wir müssen unbedingt Reagenzgläser …«
  Sie: »Ja, geben wir diesmal eine große Bestellung auf.«

Informieren. Sagen Sie ihm, was Sie von seiner Unhöflichkeit halten.

»Ich rede gerade davon, daß wir Material bestellen müssen, und du fängst aus heiterem Himmel von deinen Prothesenproblemen an.«

»Ich will dir erklären, wieso meine Eltern nie Geld hatten, und du fängst von deiner Familie an.«

Impfen Sie ihm eine bessere Methode für den Umgang mit Ihnen ein.

»Ich wäre dir sehr verbunden, wenn du mich meine Geschichte zu Ende erzählen ließest.«

»Ich wünschte, du würdest warten, bis ich meinen Satz beendet habe.«

»Ich spreche von unserer Reagenzglasbestellung. Wenn ich fertig bin, können wir über den Besuch deiner Mutter reden.«

»Erzähl mir das, wenn ich die Zeitung fertig gelesen habe.«

Instruieren. Wenn das Leiden unheilbar zu sein scheint (sie unterbricht zwanghaft alle und jeden), könnte es sein, daß sie die Höflichkeitsregeln für perfektes Parlieren nie gelernt hat. Wie ein kleines Kind unterbricht sie, sobald ihr ein Gedanke kommt oder weil sie aufgeregt etwas mitteilen will. Geben Sie ihr folgende Instruktionen für unwissende Unterbrecher:

1. Nicht ins Wort fallen. Fahren Sie nicht dazwischen, wenn er »Ah« sagt oder »Hm« oder sein Mund noch in Sprechbereitschaft ist. Fortgeschrittene warten zwei Sekunden, bevor sie ihren Senf dazugeben.

2. Hemmen Sie Ihren Hang. Sprechen Sie nicht jeden Gedanken gleich aus, sobald er Ihnen in den Sinn kommt. Halten Sie inne, und wägen Sie ab, ob ein bestimmter Gedanke dem Gespräch förderlich oder abträglich ist.

3. Nehmen Sie höflich Abstand. Es gehört sich einfach, daß Sie »Fahren Sie fort« oder »Verzeihung« sagen, wenn Sie ihm versehentlich den Hahn abgedreht haben.

Meine Körpergröße macht mir manchmal zu schaffen

Auch wenn Männer im Durchschnitt größer sind als Frauen, liegt es mindestens ebensosehr am Auftreten, wenn Frauen sich Männern unter- oder Männer sich Frauen überlegen fühlen. In der Welt der Menschen wie im Reich der Tiere schreiben wir denen Macht und Einfluß zu, die ihr Terrain abstecken, indem sie sich ausbreiten und gebärden, als gehörte ihnen die Welt.

In einer Studie hat man festgestellt, daß Jungen beim Spielen im Freien 1,2- bis 1,6mal soviel Platz beanspruchen wie Mädchen. Eine andere Studie ergab, daß Männer in Flugzeugen die Armlehne fünfmal häufiger belegten als Frauen. Interessanterweise spielte es dabei keine Rolle, ob der Mann tatsächlich größer war als die Frau und deshalb den zusätzlichen Raum benötigte. Er beanspruchte ihn einfach.

Offenbar machen Frauen den Männern unbewußt Platz, sie überlassen ihnen den Ehrenplatz am Kopf des Tisches und mehr Raum auf dem Bürgersteig. Ein Forscher hat festgestellt, daß Fußgängerinnen, die an einer Ampel warteten, zur Seite rückten und Platz machten, wenn Männer sich näherten. Nimmt man noch die größeren Schritte der Männer hinzu und ihre Freiheit, die Beine nach Lust und Laune in allen möglichen, für Frauen undenkbaren Posituren übereinanderzuschlagen, dann können die Männer den Sieg als das raumgreifendere Geschlecht eindeutig für sich verbuchen.

Lisa, eine junge Lehrerin, kam sich jedesmal wie ein Schulmädchen vor, wenn sie zu Ross, ihrem Direktor, ins Büro ging. Auch wenn sein Tonfall kollegial war, fühlte sie sich durch seine überragende Größe und seinen Körperumfang eingeschüchtert. Da sie weder sich zu einem Wachstumsschub noch ihn zu einem Schrumpfungsprozeß zwingen konnte, war Lisa froh über die Erkenntnis, daß ihr Umgang mit Ross nicht von der Körpergröße beeinflußt werden mußte. Sie konnte lernen, mehr Raum einzunehmen, während Ross lernen konnte, sich mit weniger zu begnügen.

Raumkriege mit dem anderen Geschlecht (Sieg und Niederlage)

1. *Machen Sie sich klar, wieviel Raum Sie beanspruchen.* Bemessen Sie Ihre räumliche Welt und achten Sie darauf, wie Sie sich darin bewegen. Achten Sie auf Ihren Gang, Ihre Haltung, wieviel Platz Sie und Ihre Sachen beanspruchen, wie ausladend Ihre Gesten sind. Je mehr Raum Sie im Verhältnis zu ihm oder ihr einnehmen, desto dominanter werden Sie erscheinen. Umgekehrt, je mehr Sie sich im Verhältnis zu Ihrem Gegenüber bescheiden, desto schwächer oder unterwürfiger werden Sie erscheinen.

Lisa machte die Beobachtung, daß Ross in seinem Büro oft die Füße auf dem Schreibtisch hatte, die Hände entweder hinter dem Kopf verschränkte oder mit einem Bleistift in der Luft herumfuchtelte. Währenddessen saß sie reglos in einem überdimensionalen Sessel und sah so klein aus, wie sie sich in dem Moment fühlte.

2. *Machen Sie sich klar, wo Sie landen wollen.* Passen Sie Ihre Raumdisposition dem Image an, das Sie von sich schaffen wollen. Männer und Frauen, die eine gleiche Raumrelation wünschen, sollten ein neues Gebiet erforschen:

Männer:

Um sich nicht wie der große Zampano zu gebärden, lassen Sie Ihre Gestik weniger ausladend geraten, beanspruchen Sie auf der Couch nicht mehr Platz, als Ihnen zusteht, stellen Sie beim Sitzen die Füße nicht zu weit auseinander, strecken Sie die Beine nicht von sich, und sorgen Sie dafür, daß Ihre Papiere und Sachen sich nicht auf die Tischseite Ihrer Kollegin ergießen.

Als angeblicher Verfechter der Gleichheit mußte Ross im Büro sein Verhalten ändern, um den Lehrerinnen weniger dominant zu erscheinen.

Frauen:
Erweitern Sie Ihren Horizont, wenn Sie es leid sind, die kleine Duckmäuserin zu sein. Nehmen Sie den Platz am Kopf des Tisches ein, wählen Sie eine Sitzgelegenheit, die weder zu klein noch zu groß für Sie ist. Machen Sie beim Gehen größere Schritte und energischere Armbewegungen. Ihre Gesten sollten über Höhe und Breite Ihrer Schultern hinausreichen, Ihre Beine beim Sitzen nicht so unter den Stuhl gezogen sein, daß sie beinahe unsichtbar werden, und hüten Sie sich, die Hände zu falten wie ein Engel.

Lisa stellte fest, daß ihre Präsenz und ihr Selbstvertrauen wuchsen, als sie ihren natürlichen Gesten freien Lauf ließ und Ross auf ihre Bitte die Besprechungen von seinem Büro ins Lehrerzimmer verlegte. Wenn Sie nicht zu überwältigend beziehungsweise überwältigt wirken, herzlichen Glückwunsch! Sie haben Ihre Raummission erfüllt.

Ich möchte Autorität ausstrahlen, ohne als Zicke zu gelten

Zwar wurden bei Untersuchungen des Kommunikationsstils kaum Unterschiede zwischen männlichen und weiblichen Managern festgestellt, doch wird eine strenge und humorlose weibliche Führungskraft als härter beurteilt als ein Mann mit demselben herrischen Auftreten. Als Rosalie Marketingchefin eines großen Einkaufszentrums wurde, war sie bestrebt, ihrem Vorgänger Roy nachzueifern. Sie erteilte Untergebenen mit klarer, lauter Stimme Anweisungen, mied persönliche Gespräche und hütete sich vor allzu starken Gefühlsäußerungen.

Doch während Roy als »anständiger Kerl« gegolten hatte, kam Rosalie zu Ohren, daß man sie »Feldwebel« getauft hatte. Rosalie fand diese Bezeichnung unfair, und sie fragte mich, welche Maßnahmen zur Gegenwehr sie ergreifen könne. Ich riet ihr zur …

PS-Methode

1. **P***räpariert sein.* Akzeptieren Sie, daß Kompromißbereitschaft im heutigen Arbeitsumfeld von Frauen angesagt ist. Da viele Menschen von Frauen ein nettes, harmonisches Auftreten erwarten, einerlei, auf welcher Stufe der Karriereleiter sie stehen, kann es passieren, daß Sie, je weiter oben Sie sich befinden, desto weniger beliebt sind. Ihre Bemühungen, im Berufsleben geradlinig und offen zu sein, rufen bei den einen womöglich Ablehnung und bei anderen Achtung hervor.

Rosalie mußte einsehen, daß sie keinen Einfluß auf die Erwartungen ihrer Mitarbeiter nehmen konnte, eine Tatsache, die sie zutreffend als »echt mistig« bezeichnete. Doch die Befolgung des zweiten Teils meines **PS**-Rates ermöglichte ihr ein gewisses Maß an Einflußnahme.

2. **S***trategisch denken und handeln.* Seien Sie sich bewußt, daß extreme Abweichungen von den Erwartungen, die an ein bestimmtes Geschlecht gestellt werden, die abwegigsten Vorstellungen hervorrufen können. Man erwartet von Frauen, Anordnungen ein »bitte« oder freundliche Wendungen wie »wenn es Ihnen nichts ausmacht« folgen zu lassen, wogegen von Männern erwartet wird, daß sie sich die höflichen Floskeln schenken und sich direkter ausdrücken: »Geben Sie mir den Ordner über die Sicherheitsvorschriften.«

Sie sind zu saft- und kraftlos, wenn Sie als Boß ...

- sich vor Entscheidungen drücken
- dauernd den Konsens suchen
- dem Wohl Ihrer Mitarbeiter mehr Bedeutung beimessen als der Erledigung der Arbeit
- sich meistens der Meinung anderer anschließen
- Arbeitsfehler leicht vergeben und vergessen
- Ihre Vorgesetzten häufig um Zustimmung ersuchen
- sanft und verträumt aussehen, sprechen und handeln

Sie sind zu herb und derb, wenn Sie als Boß ...

- Anweisungen im Befehlston erteilen
- drohen oder strafen
- Untergebene selten bei Entscheidungen hinzuziehen
- eine Politik der geschlossenen Tür betreiben
- nichts von emotionalem Zuspruch halten
- sich ausschließlich auf die Erledigung der Arbeit konzentrieren
- rauh oder streng aussehen, sprechen und handeln

Sie sind genau richtig, wenn Sie als Boß ...

- flexibel vorgehen, sich je nach Situation auf die Herstellung einer guten Beziehung oder die rasche Erledigung der Arbeit konzentrieren

Rosalie erinnerte sich, daß sie Jay, dem Leiter ihrer Werbeabteilung, nicht freigegeben hatte, damit er seine Tochter in einer Schulaufführung bewundern konnte. Sie hatte darauf bestanden, daß er die Werbegraphiken für die Gesundheitswoche im Einkaufszentrum fertigstellte, um dem unzuverlässigen, schnell erregbaren Drucker denselben Spielraum zu geben, den er bisher immer benötigt hatte. Später wurde ihr klar, daß Jay damals mit seinem Einwand recht gehabt hatte – er hatte nie in seinem Leben einen Termin verpaßt – und daß sie die Chance verpaßt hatte, guten Willen zu zeigen.

- Teilen Sie Ihren Mitarbeitern mit, wie Sie arbeiten und was Sie bei der Arbeit von anderen erwarten. Lassen Sie Ihre Mitarbeiter von Anfang an wissen, wie Entscheidungen gefällt werden und was ihre Aufgabe dabei sein wird. Beispiele:

  »Ich möchte Freitag auf der Versammlung Ihre Vorschläge hören und dann entscheiden.«

  »Ich werde ein Memo über die neue Urlaubsregelung für den Krankheitsfall verteilen.«
- Bestärken Sie Ihre Untergebenen, indem Sie sich ihre Vorschläge anhören, sie zu Erneuerungen ermuntern, ihre Karriere fördern und ihnen positiv und konstruktiv Resonanz geben. Bedenken Sie, je mehr Macht Ihren Mitarbeitern zugestanden wird, desto weniger werden sie Ihnen die Ihre neiden.

Nach unserer Besprechung beschloß Rosalie, alle Angestellten nach ihren Ideen zur Erhöhung der Werbewirksamkeit für das Einkaufszentrum zu fragen. Daraufhin ließen die feindseligen Bemerkungen hinter ihrem Rücken allmählich nach.

Wie kann ich Mitgefühl zeigen, ohne als Weichling zu gelten?

Vielleicht ergeht es Ihnen wie meinem Freund Jim, der nicht wußte, ob er sich als Vorgesetzter wie Franz von Assisi oder Attila der Hunnenkönig verhalten sollte. Studien haben gezeigt, daß für männliche und weibliche Führungskräfte gleichermaßen das Unternehmen zuoberst steht, daß aber Frauen sich mehr um ihre Mitarbeiter kümmern, ihnen beistehen und auf ihr Wohl bedacht sind. Je nach dem Macho-Faktor in einem Betrieb muß ein männlicher Vorgesetzter damit rechnen, als Softy zu gelten, wenn er mit angemessenem Mitgefühl auf die Miseren Untergebener eingeht.

Jörg, der neue Fertigungschef eines angesehenen Betriebes, hielt sich viel auf seine Fürsorge für die zweiundfünfzig Mitarbeiter seiner Abteilung zugute. Als sein Assistent Lorenz, der in Scheidung lebte, sich in einer Krise befand, verbrachte Jörg mehrere Stunden pro Woche damit, ihm seine Erfahrungen aus seiner eigenen Scheidung vor zwei Jahren weiterzugeben. Als er eines Montags zur Arbeit kam, fand er an seiner Bürotür ein Schild: »Abteilung Kummerkasten. Bitte eintreten.« Jörg war gekränkt und fürchtete, daß er seine Tür – und sein Herz – zu weit geöffnet hatte. Er mußte lernen …

Wie man mitleidet, ohne daß das Ansehen leidet

1. *Seien Sie selbstbewußt.* Ein Eingehen auf die Nöte anderer macht Sie noch lange nicht zum Weichling. Ein Weichling stellt seinen Willen und Stolz jedem Wehwehchen seiner Angestellten hintan. Ein Weichling kann nicht unterscheiden zwischen Angestellten, die wirklich Hilfe brauchen, und solche,

die notorische Jammerer sind. Wenn Kollegen Sie unter Beschuß nehmen, weil Sie ein weichherziger Vorgesetzter sind, weichen Sie nicht aus. Beziehen Sie statt dessen Stellung:

»Ich finde, zuhören macht meine Jungs produktiver.«

»Es gehört sich nicht wegzusehen, wenn es jemandem sichtlich schlecht geht.«

»Was meine Leute berührt, berührt die ganze Firma.«

2. *Hören Sie zu, aber in Grenzen.* Hören Sie sich die Probleme an, drücken Sie Ihr Bedauern aus, und sagen Sie dann klipp und klar, wie weit Ihre Hilfsbereitschaft gehen kann. Formulierungen, die Grenzen setzen:

»Ich würde gern länger zuhören, aber wir müssen beide wieder an die Arbeit.«

»Das hört sich sehr schlimm an. Ich hoffe, Sie haben woanders noch jemanden, mit dem Sie ausführlicher darüber reden können.«

Anmerkung: Wenn ein Problem Ihres Mitarbeiters seine Leistung beeinträchtigt, haben Sie das Recht, es ihm zu sagen und vorzuschlagen, daß er professionellen Beistand sucht.

»Sie machen offenbar eine schlimme Zeit durch, und es fällt Ihnen deshalb schwer, freundlich am Telefon zu sein. Möchten Sie nicht mit unserem Personalberater sprechen?«

3. *Passen Sie auf, daß Sie nicht in eine Falle tappen.* Vorsicht, Jörg. Zuweilen dient es indirekt Ihrer eigenen Genesung, wenn Sie einem Mitarbeiter bei seinen Problemen helfen. Außerhalb der Arbeit können Sie mit Lorenz bis zum Morgengrauen über Scheidung reden. Aber am Arbeitsplatz wird es den anderen Angestellten auffallen, und sie werden sich fragen, ob sie in einem Eheberatungsinstitut gelandet sind, wenn Sie selbst mit Ehekrisen aufwarten. Sie sind zu besorgt um Ihre Mitarbeiter, wenn …

- Sie deren Probleme zu Ihren machen.
- Sie der Mensch sind, mit dem sie hauptsächlich reden.

- Sie sich nach der Arbeit über ihre Probleme den Kopf zerbrechen.
- Sie mehr an ihre Probleme denken als an ihre Arbeit.

Als Jörg Lorenz die Teilnahme an einer Selbsthilfegruppe empfahl und seine eigenen Ratschläge auf eine Kaffeepause pro Woche beschränkte, war er auf dem besten Wege, wieder eine verantwortungsvolle Führungskraft zu werden.

Treffen Frauen und Männer in Konferenzen unterschiedliche Entscheidungen?

Dave, Verkaufsmanager einer großen Computerfirma, gab zu, daß er am liebsten Konferenzen leitete, an denen überwiegend Frauen teilnahmen. Dave fand, daß Frauen Entscheidungen treffen konnten, ohne daß sein Blutdruck stieg. Männer dagegen schienen immer einer geheimen Tagesordnung zu folgen, nämlich die übrigen Anwesenden zu übertreffen. Bis zu einem gewissen Grade hat Dave recht.

Ein Forscher erarbeitete anhand von fingierten Geschworenenurteilen den Unterschied zwischen männlichem und weiblichem Kommunikationsverhalten. Männer bekundeten demnach zweimal öfter als Frauen Mißfallen oder Ablehnung und verwandten mehr Zeit auf verbale Problemlösungen. Im Vergleich zeigten Frauen häufiger positive Reaktionen auf andere, so etwa Zustimmung und Verständnis. Andere Forscher kamen zu dem Ergebnis, der einzige bedeutende Geschlechtsunterschied im Führungsstil sei der, sich bei Entscheidungen zunächst vom Allgemeinen bis hinab ins Detail durchzuarbeiten, um dann Anweisungen zu geben.

Frauen müssen bei Besprechungen mit Männern begreifen, daß Konkurrenzverhalten und Kampf den Weg zu einer einvernehmlichen Entscheidung ebnen können. Männer müssen bei Besprechungen mit Frauen die Vorteile der gemeinsamen Entscheidungsfindung erkennen und dürfen nicht annehmen, daß Konflikte nicht existieren, auch wenn sie unausgesprochen bleiben.

Ob Sie Konsens oder Konflikt zur Klärung von Fragen bevorzugen, Sie sind in jedem Fall besser vorbereitet mit folgenden Tips zu …

Männer, Frauen und Entscheidungen

Für Männer in Konferenzen mit vorwiegend Frauen:

Erwarten Sie weniger
- offenen Widerspruch
- Unterbrechungen
- Redezeit pro Person
- harte und unterdrückende Sprechweise
- Bloßstellung anderer

Erwarten Sie mehr
- Streben nach Konsens und Fairness
- Unterstützung der Meinung anderer
- Gebrauch einer Team-Sprache (»wir« statt »ich«)
- Abwägen und ausführliche Behandlung anderer Sichtweisen
- nicht in Worte gefaßte Anzeichen von Interesse

Für Frauen in Konferenzen mit vorwiegend Männern:

Erwarten Sie weniger
- offene Unterstützung von Ideen anderer
- nonverbale Anzeichen von Interesse
- Streben nach Konsens
- aufmerksames Zuhören
- Konfliktscheu

Erwarten Sie mehr
- direkte Auseinandersetzung
- Siegesstreben
- Unterbrechen anderer
- Konzentration auf die eingängigste Lösung
- Freundlichkeit unter »Kombattanten«

Wenn ein Kollege während der Arbeit weint, weiß ich nicht, was ich tun soll

In einer von Psychologen an der Vanderbilt-Universtität durchgeführten Untersuchung gaben fünfzig Prozent der Männer und achtzig Prozent der Frauen an, schon mal während der Arbeit geweint zu haben. Die Forscher stellten außerdem fest, daß die Tränen weniger nachteilig waren als die Tendenz der durch das Weinen verwirrten anderen, mit der Arbeit innezuhalten, so daß es zu Ausfällen kam.

So aufgefallen und unprofessionell Weinen am Arbeitsplatz auch erscheinen mag, es entstammt einer ausgesprochen menschlichen Reaktion auf Kummer, Frust und Wut. (Ist jemand unter uns, der nicht in der Wiege geplärrt hat, und sei dies auch geraume Zeit her?) Mädchen werden mehr geknuddelt und getröstet, wenn sie weinen, während man Jungen, sobald sie ins Kindergartenalter kommen, zu verstehen gibt, mit Tränen würden sie sich als ausgemachte Waschlappen ausweisen.

In der Welt der Erwachsenen ist der Toleranzbereich für Männertränen sehr begrenzt. Es war in Ordnung, daß George Bush sich bei seiner Rede zu Ehren der Soldaten, denen die ›Arizona‹ in Pearl Harbor zum Sarg geworden war, eine Träne fortwischte, nicht aber bei dem ebenso feierlichen Anlaß seiner Kriegserklärung an den Irak. Bei Frauen mögen Tränen am Arbeitsplatz oder in der Öffentlichkeit weniger erstaunen, aber auch sie machen die Mitmenschen ringsum oft ratlos.

In unserem Kulturkreis sind Männer eher hilflos, wenn ein Mitarbeiter oder eine Mitarbeiterin weint. Mit einigen Ratschlägen sollten Sie jedoch imstande sein, mit weinenden Kollegen und Kolleginnen richtig umzugehen.

Über den ungehemmten Umgang mit hemmungslos Weinenden

1. *Rücken Sie das Weinen in die richtige Perspektive.* Tränen signalisieren nicht, daß Ihr Kollege oder Ihre Kollegin kurz vor dem Kollaps steht. Sie können bedeuten, daß er wütend, traurig, glücklich oder frustriert ist – oder daß sie ein Staubkorn im Auge hat. Den Weinenden geht es nicht gut – das ist alles, was Sie wissen.

2. *Zeigen Sie Ihre Besorgnis in einer Weise, die für Sie beide erträglich ist.* Folgende Vorgehensweisen sind zu empfehlen:

- Registrieren Sie das Weinen auf schlichte Art, etwa: »Es geht Ihnen nicht gut, nicht?«

- Fragen Sie, was los ist, aber ohne zu drängen.
- Fragen Sie, ob Sie helfen können.
- Fragen Sie, ob er eine Weile allein sein möchte.

3. *Reden Sie mit Dauerweinern, wenn sie gerade mal Pause machen.* Als Boß haben Sie das Recht, das Weinen als Problem anzusprechen, wenn es die Produktivität oder die Arbeitsmoral beeinträchtigt.

»Wenn Sie jedesmal losheulen, wenn ich Sie auf das Echo auf unsere Berichte anspreche, kommen wir keinen Schritt weiter. Wie kann ich Ihnen das so unterbreiten, daß Sie es sich nicht so zu Herzen nehmen?«

Ich habe nahe am Wasser gebaut, und das schadet mir beruflich

Obwohl Tränen die Tüchtigkeit eines Angestellten kaum beeinträchtigen, wird in der Geschäftswelt Weinerlichkeit mit Weichheit und Schwäche gleichgesetzt. Wenn Sie bei der Arbeit weinen, wird man Sie vermutlich nicht fürs Krisenmanagement oder zur Beförderung in einen verantwortungsvolleren Posten vorsehen.

Carry, Chefredakteurin einer Lokalzeitung, bewahrte in der Nachrichtenzentrale trotz der nervenzehrenden Anspannung bei Redaktionsschluß und bei unvorhergesehenen Zwischenfällen einen kühlen Kopf. Ich lernte sie kennen, nachdem eine angesehene Regionalzeitung ihr angeboten hatte, eine neue Serie zu gestalten. Carry wollte den Job, hatte aber großen Horror vor dem Einstellungsgespräch. So leicht es ihr fiel, andere auszuquetschen, so schwer konnte sie manchmal die Tränen unterdrücken, wenn man sie selbst mit Fragen bombardierte. Carry begrüßte mein Dreistufenprogramm, um die Augen trocken beziehungsweise die Situation selbst dann unter Kontrolle zu halten, wenn die Tränen zu fließen begannen.

Erkennen Sie, warum Sie weinen

Lernen Sie, die Auslöser für Ihre Tränen zu identifizieren. Weinen Sie, wenn Sie …

- festgenagelt werden?
- kritisiert oder beurteilt werden?
- Kritik anbringen?
- wütend sind?
- etwas Trauriges erfahren oder an etwas Betrübliches denken?
- müde sind?
- enttäuscht sind?
- erleichtert oder glücklich sind?
- nervös oder ängstlich sind?
- überwältigt sind?
- kurz vor der Menstruation sind?

Wenn eine unerträgliche Arbeitssituation, eine Lebenskrise oder chronischer Streß der Ursprung der Tränen sind, suchen Sie professionellen Beistand.

Dämmen Sie die Tränen ein, bevor sie fließen

Wann immer Sie vor einer tränenauslösenden Situation stehen, beugen Sie mit einer dieser Präventionsstrategien vor:

1. *Körperliche Ablenkung.* Drücken Sie Daumen und Mit-

telfinger fest aneinander, umklammern Sie Ihren Sitft, oder spannen Sie die Zehen fest an, um die Streßsituation auf unauffällige Weise in den Griff zu bekommen.

2. *Selbstgespräche.* Sagen Sie sich insgeheim, daß Sie leicht mit der Situation fertigwerden, ohne zu heulen, und daß es, selbst wenn Sie weinen, nicht das Ende der Welt ist.

3. *Vergegenwärtigung.* Schließen Sie, bevor Sie einer eventuell prekären Situation ausgesetzt sind, die Augen, und stellen Sie sich vor, daß Sie in dieser Situation zuversichtlich aussehen und klingen werden. Oder sehen Sie sich mit feuchten Augen und trotzdem als Herr(in) der Lage.

4. *Disziplinierung.* Sprechen Sie in Spannungssituationen etwas langsamer und artikulierter. Atmen Sie tiefer als sonst, und Sie werden die Fassung bewahren.

Heulen macht keine Beulen

Wenn vorbeugende Maßnahmen nichts nützen und Ihnen die Tränen kommen, können Sie trotzdem unlädiert aus dieser Situation hervorgehen.

1. *Sind die Augen nur leicht verschleiert, lassen Sie es außer acht.* Ihr Gegenüber vermutet vielleicht, daß Ihnen Ihre Kontaktlinsen oder Ihre Allergien zu schaffen machen.

2. *Wenn die Tränen unübersehbar sind, beruhigen Sie Ihre Zuhörer, bevor diese ausflippen.* Dann reden Sie weiter, obwohl Sie weinen.

»Ich weiß, Sie sind es nicht gewöhnt, daß Leute bei Ihren Fragen in Tränen ausbrechen. Mir fehlt aber nichts. Und jetzt lassen Sie mich Ihnen sagen, inwieweit unser Blatt die vielen Volksgruppen in unserem Land abdeckt.«

3. *Wenn Sie merken, daß Sie gleich zu schluchzen anfangen, entfernen Sie sich, wenn Sie können.* Enteilen Sie in die

Toilette, und lassen Sie alles raus. Die anderen werden sich mit Sicherheit fragen, ob sie etwas Falsches gesagt oder getan haben. Sollen sie. Wenn Sie zurückkommen, entschuldigen Sie sich für die Unterbrechung, dann fahren Sie fort.

Dies ist die tränenreiche Wahrheit: Der Durchschnittsmann weint einmal im Monat, die Durchschnittsfrau weint viermal im Monat.

Meine Kollegin verträgt keine Konflikte

Guy und Walter, Partner in einer Unternehmensberatungsfirma, prallten oft in der Frage der Anschaffung neuer Geräte zusammen. Walter wollte eine leistungsstarke Computeranlage kaufen, um einen Vorsprung vor der Konkurrenz zu haben, aber der von Haus aus konservative Guy hielt Walters Vorschläge für Verschwendung. Nach einer lautstarken Auseinandersetzung über die Anschaffung eines Farbkopierers flehte Frieda, ihre Assistentin, sie an: »Wenn ihr so weitermacht, krieg ich noch ein Magengeschwür. Ich dachte, wir wären erwachsene Menschen.«

Guy und Walter wunderten sich über Friedas »Überreaktion«. Sie waren wie immer der Meinung, daß ihr Wortgefecht die Luft gereinigt hatte. Friedas Schimpfen fanden sie schlimmer als ihre eigenen Differenzen.

Von erhobenen Stimmen und heftigem Zwist unberührt und in ihrem Wohlbefinden unbeeinträchtigt zu bleiben mag Männern eher liegen als Frauen. Kommunikationsexperten haben festgestellt, daß Männer auch bei ruhigerer Kommunikation sich gerne gegenseitig übertrumpfen, nach Herzenslust herabsetzen und Wortgefechte liefern. In ihrem Harmoniebedürfnis geraten Frauen leichter aus der Fassung, wenn eine Auseinandersetzung in Fahrt gerät. Doch auch wenn er distanzierend oder gar destruktiv wirken mag, kann ein Konversationskonflikt auf Einmütigkeit hindeuten. Einig darin, daß es in Ordnung ist, sich nicht einig zu sein, finden mache Männer, daß erst die Auseinandersetzung mit einem Freund oder Mitarbeiter der Beziehung die richtige Würze verleiht.

Wenn Ihre Mitarbeiterin die Hitze nicht verträgt

1. *Kochen Sie, wenn Sie unter sich sind.* Passen Sie auf, wo und wie Sie Dampf ablassen. Wenn Sie konfliktempfindliche Kolleginnen haben, duellieren Sie sich außer ihrer Sichtweite, nicht in Fluren, auf Versammlungen oder vor Außenstehenden.

2. *Regulieren Sie Ihr Bürothermostat.* Machen Sie sich klar, daß es verschiedene Stilarten zur Regulierung von Unstimmigkeiten gibt, und schalten Sie herunter, wenn man Sie beim Verlieren der Beherrschung hören kann. Die Temperatur ist zu hoch, wenn …

- die Stimmen so laut sind, daß sie sogar bei geschlossenen Türen bis nach nebenan dringen;
- vorwurfsvolle Formulierungen und Beschimpfungen fallen wie:
  »Warum hast du nicht …«
  »Du hättest nie …«
  »Warum konntest du ausnahmsweise nicht mal …«
  »Du verschwenderische Schlampe …«
  »Du dreckige Ratte …«
- die Gesichter grimmig dreinschauen. Sie wollen doch keine

Ähnlichkeit mit Hannibal Lecter in ›Das Schweigen der Lämmer‹ oder sonst jemandem in der Ruhmeshalle der Massenmörder haben.

3. *Sagen Sie ihr, daß es keinen Grund zur Aufregung gibt.* Ihr wird wohler sein, wenn Sie ihr zu verstehen geben, daß Sie nicht ernsthaft vorhaben, Hackfleisch aus Ihrem Partner zu machen. Menschen von zaghaftem Naturell mißdeuten Streitigkeiten leicht als Vorboten von Handgreiflichkeiten.

»Reg dich ab, Frieda, wir müssen bloß unsere Meinungsverschiedenheiten rauslassen.«

»Falls du uns nachher streiten hörst, versuche ich bloß, Guy dazu zu bringen, ausnahmsweise mal Vernunft anzunehmen.«

Es fällt mir schwer, zu loben

Ein richtig angebrachtes Lob kann Angestellte inspirieren, Tüchtigkeit und eine positive Einstellung zu ihrer Tätigkeit zu entwickeln. Ein ungezwungenes Kompliment ist ein wichtiges Kommunikationshilfsmittel für einen guten Führungsstil. Wohl können Menschen beiderlei Geschlechts das Loben als angenehm oder als aufdringlich empfinden, doch da Frauen eher geneigt sind, Wohlgefühl zu schaffen, sind sie auch eher geneigt, dort, wo es angebracht ist, Lob zu spenden.

Rudolph war in einer Familie aufgewachsen, wo anständige Arbeit für selbstverständlich gehalten und deshalb nie gelobt wurde. Er fand, eine solche Erziehung hatte ihm zu Rückgrat und Selbständigkeit verholfen. Als er dieser Überzeugung gemäß auch in seiner Firma, einem Geschäft für Freizeitbekleidung, verfuhr, entpuppte sich diese jedoch als Fehlschlag. Grace, seine Buchhalterin, kündigte, weil sie überzeugt war, ihm nichts recht machen zu können. Rudolph schwor, die großartige Grace nie kritisiert zu haben. Das stimmte zwar, aber Grace zufolge hatte er auch kein einziges Mal ein Lob von sich gegeben. Rudolph mußte von seiner Erwartung abgehen, daß seine Angestellte vom Gehalt allein lebte, ohne die notwendige Nahrung eines positiven Echos. Zum Glück dauerte seine Verwandlung vom zögernden Zusprecher zum liebenswerten Lobenden nicht lange.

Lob erteilen, wenn Lob fällig ist

1. *Geloben Sie sich, andere zu loben.* Wenn loben Ihnen fremd ist, mögen Sie sich vielleicht unbeholfen vorkommen, wenn Sie anfangen, andere mit Ruhm zu überhäufen. Sie müssen begreifen, auch wenn Sie echolos aufgewachsen sind, daß einige Ihrer Angestellten sich ohne Echo verloren oder gar unfähig fühlen. Grace zum Beispiel war mit einem Mann verheiratet, dem es ein Anliegen war, ihr Aussehen oder ihre Kochkunst fast jeden Tag lobend zu erwähnen. Im Vergleich dazu schien Rudolphs Schweigen kalt und mißbilligend. Als Rudolph versuchte, Grace mit Komplimenten über ihre Tüchtigkeit zurückzugewinnen, sah er sich durch ein zaghaftes Lächeln in ihrem Gesicht bestätigt.

2. *Schütten Sie es aus.* Verpflichten Sie sich, täglich mindestens einem Angestellten oder Kollegen ein Kompliment zu machen. Ein solches Vorgehen zwingt Sie, jemandes löbliche Leistung wahrzunehmen und mit Worten zu honorieren, ohne daß Sie bei der Ausbildung Ihrer neuen Gewohnheit zu dick auftragen müssen.

3. *Erteilen Sie es so, daß es gut aufgenommen wird.* Wirk-

sames Rühmen erfordert Raffinesse. Merken Sie sich diese Tips:

- Lassen Sie nach lobenswerter Leistung sobald wie möglich ein Kompliment folgen.
  »Grace, Ihre Vorausberechnungen für das nächste Jahr, die Sie mir heute morgen gegeben haben, sind äußerst detailliert. Danke.«
- Zollen Sie der Tat mehr Tribut als dem Täter/der Täterin. Vermeiden Sie plump vertraulichen Überschwang, machen Sie löbliche Bemerkungen über die Leistung, nicht die Leistenden. In der Arbeitswelt führt die Belobigung einer gut erledigten Aufgabe zu weiteren gut erledigten Aufgaben, weil Ihre Angestellten genau lernen, welche Leistungen »Punkte machen«.
  Sagen Sie nicht: »Grace, Sie sind eine außerordentliche Analytikerin.«
  Versuchen Sie es mit: »Grace, Ihre Bücher sind die ordentlichsten, die ich je gesehen habe.«
- Trauen Sie sich, einen Schritt weiter zu gehen und zu künftigen Erfolgen anzuregen.
  »Es freut mich, daß Sie von sich aus die Bücher der Zweigstellenbüros geprüft haben. Ich sehe Sie schon eines Tages auf dem Posten der Vizepräsidentin. Danke, Grace.«

Ich spreche ungern über meine Leistungen

Viele Männer haben keine Probleme, ihre Leistugen der letzten zehn Jahre gleich nach dem ersten Händedruck herauszuposaunen. Sie verstehen sich auch bestens darauf, zu betonen, daß sie anderen immer um eine Nasenlänge voraus waren – um sich auf diese Weise wortreich gegen Konkurrenz zu wehren und sich einen gleichen oder höheren Status zu sichern. Wenn Sie aber eine Frau sind, riecht die Herausstellung Ihrer eigenen Leistungen oder dessen, was Sie besser machen, leicht nach Eigenlob und Angabe. Seit Ihrer Schulzeit wissen Sie, daß Sie mit Angeberei Feindschaft und Mißbilligung ernten. Wo es um Einvernehmen geht, tun Sie recht daran, mit Selbstlob sparsam zu verfahren; denn Untersuchungen haben gezeigt, daß anmaßende Menschen als kompetenter, aber leider auch als weniger liebenswürdig angesehen werden.

Doch das Bemühen, bei den Kollegen beliebt zu bleiben und deswegen die eigenen Stärken herabzusetzen, läßt Sie auf der Karriereleiter ganz unten verharren. In ihren bahnbrechenden Studien über Frauen im Management haben Margaret Hennig und Anne Jardim gezeigt, daß Frauen warten, bis man an sie herantritt, Männer dagegen sich oft selbst offerieren. Wenn Ihre Hemmungen, Ihre Leistungen hervorzuheben, Ihnen Chancen bei der Arbeit verbauen, habe ich eine gute Empfehlung: **L-O-B-E** dich selbst, aber richtig.

Um Ihre Schüchternheit in puncto Großtaten abzuschütteln:

Lassen Sie ab von alten Ansichten.

Alt: Die Leute werden mich nicht mögen, wenn ich von meinen Leistungen spreche.

Neu: Manche Leute werden mich nicht mögen, ganz egal, was ich mache. Auch wenn ein paar mich ablehnen, habe ich das Recht voranzukommen.

Alt: Wenn ich meine Arbeit gut mache, wird man es bemerken.

Neu: Das Rumsprech-Rad muß geschmiert werden. Ich muß mein eigener Werbeagent sein.

Offerieren Sie Ihr Können. Auf jeder Stufe der Karriereleiter, vom Einstellungsgespräch bis zur Ansprache vor den Aktionären, nachdem Sie Vorstandsvorsitzende geworden sind, ist es unumgänglich, andere mit Ihren Talenten und Leistungen bekanntzumachen. Hier ein paar Fragen, die Ihnen zu Anerkennung und Fortkommen verhelfen sollen.

1. *Wird die Bekanntgabe meiner Leistungen dem Bild dienen, das ich in dieser Situation vermitteln will?* Tina, die talentierte Restaurateurin, die jedesmal stotterte, wenn sie einem potentiellen Kunden erzählte, daß sie an der Universität Harvard studiert hatte, kam zu der Einsicht, daß ihr Doktortitel ihr helfen würde, als klug und kompetent zu gelten.

2. *Wird die jetzige Preisgabe meiner Errungenschaften zukünftigen Karriereschritten förderlich sein?* Tina sah ein, daß ihre erstklassigen Referenzen, bei einem geeigneten gesellschaftlichen Anlaß erwähnt, sich mit Sicherheit herumsprechen und ihr nützlich sein würden, sollte sie sich einmal verändern wollen.

3. *Werden die Vorteile des Selbstlobs die Nachteile überwiegen?* Die Pluspunkte in Nr. 1 und 2 wogen stärker als die Möglichkeit, daß es jemanden befremden würde, wenn sie erwähnte, wo sie studiert hatte, befand Tina.

4. *Bin ich aufrichtig stolz auf das, was ich erreicht habe, oder plustere ich mich nur auf?* Da Harvard mitnichten eine Uni war, die man ohne hart zu arbeiten absolvieren konnte, betrachtete Tina ihr mit Auszeichnung bestandenes Examen mit Recht als eine phantastische Leistung.

Wenn Sie auf eine oder mehrere dieser vier Fragen mit »ja« geantwortet haben, sind Sie bereit für den nächsten Schritt.

Bleiben Sie am Ball, verharren Sie bei Ihrer neuen Einstellung. Hier einige Methoden, um Ihre Prahlangst zu mindern:

1. *Stellen Sie mehr die Leistung als sich selbst in den Vordergrund.*

Nicht: »Ich habe in Harvard promoviert.«

Versuchen Sie es mit: »Ich habe mein Kunstgeschichtsexamen in Harvard gemacht und mein Praktikum im Museum der Schönen Künste absolviert.«

2. *Lernen Sie, Ihr Können ohne Pauken und Trompeten zu verkünden.*

»Das erinnert mich an meine Zeit in Harvard. Einer meiner Professoren war Courbet-Spezialist.«

»In Ihrer Anzeige erwähnten Sie, daß für diese Stellung gute Fähigkeiten im Design erwünscht sind. Ich habe ein paar Arbeitsproben mitgebracht, die ich Ihnen gerne zeigen möchte.

3. *Vermeiden Sie Verhaltensweisen, die die von Ihnen beabsichtigte Wirkung verwischen könnten.* Wenn Sie schlucken, hüsteln, die Stimme senken oder heben, während Sie von Ihren Leistungen sprechen, erhält Ihr Gegenüber ein zwiespältiges Signal und zweifelt womöglich an Ihrem Selbstbewußtsein oder Ihrer Glaubwürdigkeit. Tina probte ihr Einführungsgespräch bei einem Kunden, wähend sie mit einer Freundin zur Arbeit fuhr. Sie vertraute mir an: »Mit der Zeit fiel mir das Reden über das, was ich gut gemacht hatte, so leicht, wie zuvor mein Licht unter den Scheffel zu stellen.«

Erkennen Sie sich selbst. Beobachten Sie, wie die Bekanntgabe Ihres Könnens Sie in den Mittelpunkt rückt und Ihre Aufstiegschancen vergrößert. Betrachten Sie Ihre Fähigkeit, Ihre Leistungen hervorzuheben, als weitere Leistung. Besser noch, machen Sie sich klar, daß Ihre Erkenntnisse, Talente und Künste für viele hilfreich sein werden, wenn Sie sie davon in Kenntnis setzen.

Ich arbeite weder gut noch gern unter einem Mann/einer Frau

Das Bekenntnis zur Vorliebe für Vorgesetzte eines bestimmten Geschlechts ist sicherlich unpassend in einer Zeit, in der das Geschlechterverhältnis auf dem Managersektor – außer in allerhöchsten Führungspositionen – sich gerade ausgleicht. Im Laufe der letzten Generation haben willkürliche Vorurteile gegen weibliche Manager nachgelassen.

In einem 1965 in der ›Harvard Business Review‹ erschienenen beispielhaften Aufsatz mit dem Titel ›Sind Frauen als Führungskräfte geeignet?‹ beurteilten einundvierzig Prozent der befragten Männer weibliche Chefs als ungünstig, und nur siebenundzwanzig Prozent sagten, sie würden gerne unter einer Frau arbeiten. Als die Studie 1985 wiederholt wurde, erklärten nur noch fünf Prozent der Männer, daß Frauen als Chefs nicht geeignet seien. Trotzdem gaben in der neueren Umfrage die Hälfte der männlichen höheren Angestellten und ein Fünftel der Frauen zu, daß die Aussicht, unter einer Frau zu arbeiten, ihnen Unbehagen bereite.

Ein ungutes Gefühl beim Arbeiten unter einem Chef eines bestimmten Geschlechts entstammt mehr Ihren Ansichten als wirklich erheblichen Unterschieden in Stil und Kompetenz Ihrer/Ihres Vorgesetzten. Selbstverständlich kann jede Führungskraft, ob Mann oder Frau, Sie zur Weißglut bringen, aber wenn Sie Anzeichen von Vorgesetzten-Voreingenommenheit bei sich entdecken, müssen Sie sich damit auseinandersetzen.

Nachdem Hanna eine Reihe von autoritären männlichen Vorgesetzten gehabt hatte, war sie heilfroh, daß eine sehr respektable ältere Dame namens Lillian ihre Abteilungsleiterin in der Bank wurde. Doch nachdem sie sich zwei Wochen lang ständig vorschreiben lassen mußte, was sie zu tun hatte, ganz zu schweigen von Lillians Bemerkungen über ihre zu kurzen Röcke, sah Hanna ihre Hoffnungen auf eine Traumchefin traurig zunichte gemacht. Sie fürchtete zudem, sich eines Tages genauso verhalten zu müssen, um Karriere zu machen.

Wie man Vorgesetzten-Voreingenommenheit erkennt

1. *Ihre Vorurteile gegenüber Ihrem Boß basieren mehr auf der Tatsache seines Geschlechts als auf seinem Benehmen.*

»Sie ist zu distanziert für eine Frau.«

»Ich bin noch nie so einem Softy begegnet.«

Hannas Enttäuschung bestand zurecht, aber es wäre ein falscher Schluß anzunehmen, alle weiblichen Vorgesetzten seien so kritisch wie Lillian, oder sie, Hanna, müßte sich als Frau genauso verhalten, um erfolgreich zu sein.

2. *Sie spüren Unbehagen oder eine negative Voreingenommenheit, bevor Sie der Person eine Chance gegeben haben.* Da sind Sie nicht allein. Es gibt sowohl Männer als auch Frauen, die glauben, männliche Eigenschaften und Managereigenschaften seien ein und dasselbe. Doch Leute, die mit Vorgesetzten vom anderen Geschlecht gute Erfahrungen gemacht haben, und Männer, die mit Karrierefrauen verheiratet, liiert oder befreundet sind, überwinden die anfänglichen Barrieren.

3. *Sie haben Maßstäbe, wie ein männlicher/weiblicher Boß sich zu benehmen habe.* Zum Beispiel:

Er soll Einfluß in der Firma haben, streng und entschlußfreudig und in erster Linie auf die Erledigung der Arbeit bedacht sein.

Sie soll gütig, beratend, Frauen gegenüber besonders entgegenkommend und in erster Linie auf das Wohl der Menschen bedacht sein.

Engen Sie Vorgesetzte nicht ein, indem Sie allein aufgrund ihres Geschlechts bestimmte Verhaltensweisen von ihnen erwarten. Damit bringen Sie alle in die Klemme. Die Leute in Lillians Abteilung kritisierten sie, weil sie keine Politik der offen Tür betrieb wie die anderen weiblichen Führungskräfte der Bank. Da sie eben erst befördert worden war, brauchte Lillian vielleicht erst einmal eine Weile, um sich einzugewöhnen.

War Hanna auch nicht immer mit Lillians Stil einverstanden, so sah sie doch ein, daß ihr Regelkatalog mit dem Titel ›Wie eine Managerin sich nach Hannas Vorstellungen verhalten sollte‹ nicht ausschlaggebend war.

Meine weiblichen Mitarbeiter wenden sich mit Beschwerden nicht direkt an mich

Die Angst der Angestellten, an ihren Vorgesetzten direkt etwas auszusetzen, ist weit verbreitet und vielfach verständlich. Wenn Sie derjenige sind, der Leistungen zu bewerten und Lohn zu zahlen hat, dann fürchten Ihre Untergebenen, daß ein Hinweis auf Ihre schwachen Stellen sie in Schwierigkeiten bringt. Weibliche Angestellte und Kolleginnen haben vielleicht Hemmungen, ein konstruktives Feedback anzubringen, weil sie vermeiden wollen, Gefühle zu verletzen, unhöflich zu erscheinen oder als äußerst aggressiv zu gelten. Infolgedessen bleiben Sie im dunkeln über das, was falsch läuft oder was besser laufen könnte.

Stuart, der für die Schutz- und Sicherheitsmaßnahmen einer Klinik zuständig war, sagte, er sei mit seinen männlichen Mitarbeitern zufriedener, weil die weiblichen ihn wiederholt in Wut gebracht hätten. Stuart meinte, Männer seien direkter, wenn es darum ging, seinen Führungsstil zu kritisieren und Vorschläge zu machen. Offenbar hatten zwei Frauen sich über seine »herrische Persönlichkeit« beklagt, aber nie bei ihm selbst. Stuart erfuhr erst von ihrer Meckerei, als sie nicht mehr in seiner Abteilung waren. Aufrichtig auf ein konstruktives Echo bedacht, fragte er sich, ob er es den Frauen leichter machen könnte, ihm ihre Beschwerden vorzutragen.

Wie Sie Ihre Mitarbeiter zum Austeilen bewegen

1. *Fordern Sie sie dazu auf.* Bitten Sie häufig um Reaktionen auf den Ablauf der Dinge. Beraumen Sie Besprechungen an, um Ihre Mitarbeiter zur Äußerung von Beschwerden aufzufordern. Stuart berief zusätzlich zu den monatlichen Abteilungskonferenzen eine Sitzung unter dem Motto »Jetzt rede ich« ein. Es fördert in manchen Fällen die Aufrichtigkeit, das Personal anonym ein Formular ausfüllen zu lassen. Hier eine Auswahl an Aufforderungsmöglichkeiten:

»Was gefällt Ihnen bislang an der Arbeit bei uns und was nicht?«

»Was hätten Sie gerne an unserer Zusammenarbeit geändert?«

»Ich weiß nicht recht, was Sie davon halten, wie …«

»Haben Sie sich über etwas geärgert, das ich getan habe?«

»Ich habe zufällig gehört, wie jemand sagte, unsere Abteilung hat Probleme. Welcher Art könnten die sein, was meinen Sie?«

2. *Stecken Sie's weg, wenn Sie eins drauf bekommen.* Da

das Kritisieren von Kollegen oder Vorgesetzten Courage erfordert, achten Sie darauf, nicht defensiv zu reagieren. Wenn Sie nicht die Wände hochgehen, ist es wahrscheinlicher, daß sie den Mund nächstes Mal wieder aufmacht. Da besonders Frauen darauf bedacht sind, keine Gefühle zu verletzten, versichern Sie ausdrücklich, daß Sie konstruktive Kritik für nützlich halten. Auch wenn Sie vielleicht heftig schlucken müssen, sollten Sie ein paar Worte der Anerkennung äußern.

»Danke, daß Sie mir Bescheid gesagt haben.«

»Gut, daß Sie den Mund aufgemacht haben.«

»Darüber muß ich erst nachdenken.«

»Ich bin erstaunt, daß Sie sich überfordert fühlen, aber ich finde es gut, daß Sie es mir gesagt haben.«

3. *Seien Sie sich im klaren, daß Männer sich womöglich anders äußern als Frauen.* Wie wohl oder unwohl jemandem beim Anbringen eines negativen Feedbacks zumute ist, kann vom Geschlecht abhängen. Ihre männlichen Mitarbeiter finden Direktheit und Offenheit vielleicht lohnender als Zurückhaltung. Ihre Kritiken mögen unverblümt sein, vor allem gegen andere Männer, von denen sie meinen, daß sie sie mühelos wegstecken müßten.

Manager wie Stuart müssen die subtilen Warnsignale weiblicher Angestellter deuten lernen. Stuart zum Beispiel wurde im Rückblick klar, daß die zwei unzufriedenen Frauen sich in seiner Nähe zurückgehalten hatten und er selbst bei ihren Besprechungen das meiste gesagt hatte. Da diese Frauen gewöhnlich mit Ideen nicht hinterm Berg hielten, hätte ihre Passivität als Hinweis dienen können. Weitere Fingerzeige von Frauen, die darauf hinweisen, daß nicht alles eitel Freude ist:

- Sie gehen Ihnen am Arbeitsplatz oder bei gesellschaftlichen Anlässen aus dem Weg.
- Sie bemühen sich nicht um Ihren Beitrag für Projekte und Aufträge.

- Sie beraten sich offenkundig lieber mit anderen, die auf derselben Stufe stehen wie Sie.
- Sie lassen versteckte Hinweise fallen. Eine der Frauen sagte zu Stuart, im Büro sei offenbar manchmal dicke Luft. Stuart nahm an, sie meinte die schlechte Belüftung. In Wirklichkeit fand sie Stuart bedrückend, nicht die Luft.

Ich bin mir nicht sicher, ob mein Händedruck angemessen ist

So kurz er ist – der geschäftliche Händedruck dient als Barometer für Initiative und Selbstvertrauen. Zwar begrüßen sich bei geschäftlichen Zusammenkünften gewöhnlich beide Geschlechter mit Handschlag, aber vom Anbeginn der Zeiten bis zum heutigen Tag sind die Männer das händeschüttelnde Geschlecht.

Der Anthropologe Desmond Morris hat während seiner Aufenthalte bei diversen Völkern festgestellt, daß zwei Drittel aller Handschläge von Mann zu Mann erfolgten. Männer geben auch häufiger als Frauen Bekannten die Hand. Traditionellerweise werden Frauen dazu erzogen, den Händedruck nicht herzhafter ausfallen zu lassen als ein Mann, während den Männern beigebracht wird, daß es in Ordnung ist, einem Mann bei der Begrüßung fast die Knochen zu brechen, nicht aber einer Frau. Wenn man Ihren Handschlag als zu hart empfindet, läßt sich das zum Glück auf einfache und wirksame Weise kurieren.

Beim Telefonverkauf von Grundbesitzanteilen auf den Bahamas hielt Paul den Rekord vor seinen Kollegen. Alice, seiner Verkaufsleiterin, fiel jedoch eine Diskrepanz auf zwischen seiner Fähigkeit, Interessenten am Telefon zu gewinnen, und seiner Fähigkeit, Verkäufe persönlich abzuschließen. Während eines Rollenspiels mit Paul fühlte sich Alice sogleich abgestoßen von seinem nahezu leblosen Händedruck. Obgleich seine Präsentation tadellos war, machte sein schlaffer Handschlag einen gespenstischen Eindruck auf sie, und sie nahm an, daß es potentiellen Investoren genauso erging. War Alices Beobachtung ihm auch unangenehm, so war Paul doch erleichtert, daß er die Lösung des Problems in der Hand hatte.

Gestalten Sie Ihren Händedruck

(nachdem Sie zunächst einmal überprüft haben, ob etwa eine der folgenden Eigenschaften Ihren Händedruck umschreibt):

1. *Schlaff.* Ihr Händedruck ist in der Regel kraftloser als derjenige der Person, die Sie begrüßen (Pauls Problem).

Neue Regel: Drücken Sie herzhafter zu, und erhöhen Sie die Heftigkeit Ihres Schüttelns.

Männer, aufgepaßt: Im Bemühen, einer Dame nicht die Hand zu brechen, scheuen Sie womöglich allzusehr vor einer angemessen kraftvollen Begrüßung zurück. Üben Sie mit einer Freundin einen Handschlag von hinreichender Kraft.

2. *Schmierig.* Ihre Handflächen schwitzen stark, vielleicht besonders, wenn die Umgebung neu für Sie ist.

Neue Regel: Reiben Sie vor aufregenden Anlässen Ihre Handflächen mit Talkumpuder ein oder wischen Sie sie vor der Begrüßung trocken.

3. *Zittrig.* Ein ungleichmäßiger Rhythmus beim Händeschütteln vermittelt ein alles andere als geschliffenes Bild.

Neue Regel: Üben Sie das Händeschütteln nach folgendem Takt:

Schütteln – Pause – Schütteln – Pause

Ihre Hand soll sich gleichmäßig von oben nach unten bewegen, so daß beide Hände nach dem gegenseitigen Umschließen gemeinsam eine Abwärtsbewegung von circa acht bis zehn Zentimetern beschreiben.

4. *Quetschend.* Ihr Händedruck tut Ihrem Gegenüber weh, insbesondere, wenn der Größenunterschied dem zwischen King Kong und der weißen Frau entspricht.

Neue Regel: Passen Sie Ihren Händedruck der Hand in Ihrer Hand an. Bitten Sie jemand Kleineren als Sie, Ihnen eine Hand zum Üben zu leihen.

Frauen, aufgepaßt: Achten Sie darauf, einem »Knochenbrecher« nicht allzusehr entgegenzukommen. Sie wollen sich doch dem überaggressiven Typen nicht in die Hände spielen.

Weitere Hinweise zum Händeschütteln

- Wenn Sie ihre Hand zwischen Ihre zwei Hände nehmen, wirken Sie herrisch.
- Wenn Sie die Hand mit der Innenseite nach oben statt seitwärts ausstrecken, signalisieren Sie, daß Sie in der schwächeren Position sind.
- Wenn Sie Ihre Hand so hinhalten, daß die Finger aneinander und parallel zum Fußboden liegen und Sie sich dem Druck Ihres Gegenübers anpassen, ist das der ideale Handschlag.

Eine Kollegin/ein Kollege hat eine üble Angewohnheit

Die meisten Menschen scheuen sich, heikle Themen anzusprechen, weil es ihnen peinlich ist, jemanden in Verlegenheit zu bringen. Das Unbehagen wächst, wenn geschlechtsbezogene Bedenken ins Spiel kommen, und es steigert sich noch, wenn die üble Gewohnheit jemand Höheren in der Hierarchie zu eigen ist. Wenn bei Chefin Cheryl beim Gehen der Unterrock hervorschaut oder Kontrolleur Konrad sich oft am Schritt kratzt, während er mit Ihnen zusammensitzt, haben Sie es mit einer harten Herausforderung zu tun.

Selbst ich als Kommunikationsberaterin muß jedesmal meinen ganzen Mut zusammennehmen, um einem Klienten in leitender Position nahezulegen, er möge die Klosettbrille herunterklappen, wenn er eine Gemeinschaftstoilette verläßt. So verlockend es sein mag, das Thema zu meiden und mit dem Unbehagen zu leben – ohne die üble Gewohnheit sind Sie beide besser dran.

Wie man Mitarbeiter/innen mit einer Peinlichkeit konfrontiert

1. *Weitergeben.* Bitten Sie jemand anderen, es zu sagen, wenn ihm das peinliche Thema weniger ausmacht als Ihnen oder wenn er mit dem Übeltäter näher befreundet ist.

2. *Durch die Hintertür.* Lassen Sie sich über andere Leute aus, die dieselbe üble Gewohnheit haben, und geben Sie zu erkennen, was Sie davon halten, aber lassen Sie sich nicht anmerken, daß Sie wissen, daß sie die Übeltäterin ist. Oder machen Sie eine ganz allgemeine Bemerkung über das üble Ver-

halten. Sie haben eine gute Chance, daß die betreffende Person den Wink kapiert, in sich geht und sich bessert.

»Ich ärgere mich jedesmal, wenn die Männer in einer Gemeinschaftstoilette die Brille oben lassen. Die tun, als wären die Frauen überhaupt nicht vorhanden.«

»Meine Tochter hat mir erzählt, daß Frauen ein Kennwort haben, wenn bei einer anderen der Unterrock hervorschaut. Wie war das doch gleich, irgendwas mit Gewitter, Donner, Blitz?«

3. *Vormachen.* Je nach Art der Angewohnheit können Sie anderen die Notwendigkeit, sich etwas abzugewöhnen, manchmal bewußt machen, indem Sie das, was sie tun müssen, selbst mimen. Mary, die es störte, daß ihr Sekretär Glen immer mit Krümeln oder Schokoladeflecken am Kinn vom Mittagessen kam, fing an, in seiner Gegenwart ihr Gesicht im Spiegel zu prüfen. Fügen Sie erklärende Worte an, wenn Ihre Botschaft nicht rüberkommt.

»Ich möchte sichergehen, daß ich nicht noch den Senf oder Brotkrümel vom Mittagessen im Gesicht habe.«

4. *Sachte vorgehen.* Kleiden Sie Ihre Klage in die Form einer Empfehlung, locker und lässig, als sei es nicht von Belang – selbst wenn der Gestank seines Eau de Cologne Ihre Nase ätzt. Setzen Sie eine Erklärung hinzu, die Ihnen Ihr Gesicht wahren hilft, wenn Sie fürchten, Ihr Gegenüber zu kränken. Wenn es Sie in schreckliche Verlegenheit bringt, das Thema anzuschneiden, belohnen Sie sich nach vollbrachter Tat.

»Mir wäre es lieb, Sie würden Ihre Hände stillhalten, wenn wir etwas besprechen.«

»Da wir alle dieselbe Toilette benutzen, würden wir Frauen es begrüßen, wenn Sie beim Rausgehen daran denken, die Brille runterzuklappen.«

»Meine Nase kriegt schnell zuviel. Mir wäre es lieb, wenn Sie weniger parfümiert zur Arbeit kämen.«

Die Frauen bei mir im Büro hören auf zu reden, wenn ich vorbeigehe

Entweder haben Sie Halluzinationen, oder man ist von Ihrem Anblick überwältigt, oder aber, was wahrscheinlicher ist, Sie sind – hups! – unwissentlich in eine Tuschelzone geraten. Ihre Mitarbeiterinnen halten den Mund, wenn Sie erscheinen, weil sie denken, daß ihr Geplauder Sie nicht interessiert (wie oft diskutieren Sie schon darüber, wo man Kissen am besten kauft?), Sie das Thema trivialisieren würden (»Die haben eine Stunde lang über Haartrockner gequatscht!«) oder daß Ihre Anwesenheit Ihnen oder denen peinlich sein würde (möchten Sie wirklich die Details einer chronischen Pilzinfektion hören?).

Wenn Ihr Erscheinen die Diskussion dämpft, nehmen Sie den Ausschluß nicht persönlich. Bedenken Sie, auch wenn Frauen über Politik und Produktivität reden können, lassen sie es vielleicht lieber bleiben, wenn sie mit Freundinnen zusammenglucken.

Wenn Sie für einen Tag Tootsie spielen und lauschen könnten, würden Sie unter anderem folgendes zu hören bekommen:

Tuschelthemen (Sachen, über die Frauen nur reden, wenn sie unter sich sind)

- Details über Lebens- und Ehegefährten
- wie dick sie sich vorkommen
- was zu was gut aussehen würde
- Sommer- oder Winterschlußverkauf
- Haarprobleme

- Mütter und Schwiegermütter
- Trauriges oder Geschmackloses in den Nachrichten
- Krämpfe und andere Menstruationsprobleme
- Hitzewellen während der Wechseljahre
- Neue Schlankheitskuren und -gymnastik
- tiefgründende Analysen, warum So-und-so mit So-und-so Schluß machen sollte
- Bewertung von Auftreten und Aufmachung von Mitarbeiterinnen
- große Entscheidungen (sich scheiden lassen)
- kleine Entscheidungen (auf Schokolade verzichten)
- Männer – zu Hause
- Männer – am Arbeitsplatz (also haben Sie vielleicht doch keine Halluzinationen)

Wegtreten

In einer Studie sagten dreiundsechzig Prozent der Frauen und nur dreiundvierzig Prozent der Männer, sie brauchten Gespräche unter ihresgleichen. Wenn also Frauengrüppchen verstummen, sobald Sie sich zeigen, respektieren Sie den Sinn der Tuschelzone, und unterdrücken Sie Ihr Mißtrauen.

Ich kann es nicht ausstehen, wenn sie mich bei der Arbeit »Schätzchen« nennen

Ihr Unwille ist wohlbegründet, denn der Gebrauch von Kosewörtern (Süße, Schätzchen, Herzchen, Puppe) in beruflichen Beziehungen hat mit Dominanz zu tun. Das Recht, zärtliche Namen zu benutzen, nehmen sich diejenigen heraus, die in bestimmten Situationen größere Macht haben oder zu haben meinen. Lehrer können Schüler, Eltern können Kinder mit »Herzchen« und dergleichen anreden, aber umgekehrt ist das nicht üblich. Man kann auch beobachten, daß ältere Erwachsene mit jüngeren Erwachsenen umgehen, als ob sie Kinder wären. (»Ich helfe Ihnen bei der Dateneingabe, Liebes«, sagt die fünfzigjährige Bibliothekarin zu dem bärtigen Assistenten, der frisch von der Uni kommt.) Da hier eher mütterliche beziehungsweise väterliche Fürsorge anstatt Dominanz im Spiel sein mag, fühlen einige der so mit Kosenamen Bedachten sich ganz wohl dabei, während andere es als herablassend empfinden.

In intimen Beziehungen haben Kosenamen eine andere Funktion. Wenn Paare sich gegenseitig liebevoll anreden, zeugt das von Bindung, nicht von Bevormundung.

Wenn die Anrede »Schätzchen« Sie stört

1. *Erkennen Sie, was Ihr Gegenüber mit dem Kosewort bezweckt.* Ist es eine beabsichtigte Machtdemonstration (»Herzelchen, könnten Sie uns wohl frischen Kaffee machen?«) oder eine (in Ihren Augen) harmlose Art, Wärme zu zeigen? Dann können Sie die durch die Kosenamen angerichteten Schäden und die Konsequenzen einer Konfrontation abschätzen.

2. *Probieren Sie eine dieser Strategien für den Umgang mit unerwünschten Anreden wie »Baby« oder »Mäuschen«.*

- Die Echo-Technik. Wiederholen Sie das Kosewort in einem Ton, der besagt: »Ich kann's nicht glauben, was ich da eben gehört habe.«
  »Ich habe gar nicht gewußt, wie schnell Sie am Computer sind, Baby.« – »Baby?«
  Ihr Gegenüber kann gar nicht anders, als den Wink verstehen. Das heißt noch nicht, daß er aufhört, aber jetzt ist es ihm bewußt.
- Die Heimzahl-Technik. Vergelten Sie Gleiches mit Gleichem. Sie werden sich dabei komisch vorkommen, aber es wird die Demonstration der Machtkluft rasch beenden.
  »Danke, daß Sie den Bericht so prompt geliefert haben, Liebes.« – »Kein Problem, Schatz.«
- Die Bewußtmachungs-Technik. Probieren Sie diese bei einer Person, die sich aufgrund einer sonderbaren Erziehung oder einer dummen Angewohnheit bemüßigt sieht, jeden Satz mit Gefühl zu garnieren. Geben Sie Ihrem Ärger Ausdruck, und sagen Sie, wie er sich auf Sie auswirkt. Sie können sich auch erbieten, beim Abgewöhnen behilflich zu sein.
  »Liebes, wir müssen um drei bei John im Büro sein.«
  »Ken, wenn man bei der Arbeit ›Liebes‹ zu mir sagt, komme ich mir lächerlich vor und werde verlegen.«
  »Ich – äh –«
  »Ich weiß, es ist bloß eine Angewohnheit. Kann ich Ihnen irgendwie helfen, damit aufzuhören?«
- Das Schätzchen-Signal. Wenn Sie es bis hierher geschafft haben, herzlichen Glückwunsch. Vereinbaren Sie daraufhin, daß Sie jedesmal wortlos signalisieren (Hand heben, mit dem Stift klopfen), wenn Sie »Schätzchen« oder Verwandtes hören.

Soll ich Kolleginnen gegenüber ein Kavalier sein?

Höflichkeit ist nie verkehrt. Wenn Sie einer Frau oder einem Mann die Tür aufhalten, ein Paket tragen oder eine Tasse Kaffee spendieren, treten Sie vermutlich für Gleichberechtigung in puncto Etikette ein. Es ist aber wichtig zu wissen, wann das andere Geschlecht Ihre Gefälligkeit als kränkend empfinden könnte. Einer Frau, der Sie den Stuhl zurechtrücken, ist es vielleicht unangenehm, bei einem geschäftlichen Anlaß zart und zerbrechlich – und damit weniger kompetent – zu wirken. Daher erschrecken Sie nicht, wenn Sie auf Menschen treffen, die auf Ihre höflichen Manieren ablehnend reagieren.

Chris, der fünfundvierzig Jahre alte Vizepräsident einer Softwarefirma, war, wie er sagte, dazu erzogen worden, »Frauen zu verehren«. Die meisten seiner Mitarbeiterinnen wußten seine Schmeicheleien und Höflichkeiten auch zu schätzen, darunter eine, die sagte, er beherrschte »Ritterlichkeit und Chauvinismus«. Chris war verstimmt, als eine auswärtige Geschäftsfrau ihm Vorhaltungen machte, weil er sich erboten hatte, den Wagen zu holen, und sie, die einzige Frau in der Runde, bat, solange im Restaurant zu warten. Chris mußte sich klarmachen …

Wann Höflichkeit herablassend ist

Höflichkeit kann überheblich wirken und die Rollen des starken, überlegenen Mannes und der schwachen, hilflosen Frau heraufbeschwören, wenn …

- Sie sie bevorzugt behandeln, weil sie eine Frau ist, vor allem in einer Situation, wo die Machtfrage mit im Spiel ist.
- Sie auf Ihrem Willen bestehen, selbst wenn sie wider-

spricht. Die auswärtige Geschäftsfrau bat Chris, wegen des Wagens keine Umstände zu machen, er aber bestand darauf. In diesem Fall wurde seine Höflichkeit zur Plage.
- Sie bei einem ganz gewöhnlichen gesellschaftlichen Ritual, etwa wenn Sie eine Frau zum Auto begleiten, ihre Weiblichkeit oder körperliche Schwäche herausstellen. Meiden Sie Bemerkungen wie:
  »Sie sehen aus, als könnten Sie ein bißchen Hilfe gebrauchen.«
  »Ich würde eine Frau nie die Rechnung bezahlen lassen.«
  »Es ist bestimmt schwer für Sie, diesen riesigen Aktenkoffer mit sich herumzuschleppen.«

Gleichberechtigung in Galanterie

1. *Soweit möglich, behandeln Sie Männer im geschäftlichen Umgang genauso wie Frauen.* Halten Sie männlicher und weiblicher Kundschaft die Tür auf, rufen Sie allen ein Taxi, laden Sie beide zum Lunch ein.

2. *Tun Sie, was Mutter und Vater Ihnen beigebracht haben.* Unterdrücken Sie nicht den Drang, Ihrer Kollegin zu Komfort und Wohlbefinden zu verhelfen, aber achten Sie auf Signale, ob ihr Ihre Ritterlichkeit gegen den Strich geht. Lassen Sie es bleiben, höflich zu sein, wenn sie …
- verlegen auf Ihre Bemühungen reagiert.
- Sie wegen Ihrer Anstrengungen aufzieht (»Ich hätte es bestimmt nicht über die Straße geschafft, wenn Sie meinen Arm nicht gehalten hätten.«).
- Ihnen eine Abfuhr erteilt (»Ist schon gut – das kann ich allein.«).

3. *Wenn Sie nicht sicher sind, wie sie reagieren wird, fragen Sie!*

»Darf ich auf dieser verkehrsreichen Straße Ihren Arm nehmen?«

»Darf ich die Rechnung bezahlen?«

»Darf ich Ihnen den Koffer abnehmen?«

Wenn Ihnen Galanterie auf den Geist geht

In neun von zehn Fällen ist seine Nettigkeit gutgemeint und nicht als Herablassung gedacht. Tun Sie sich also keinen Zwang an, wenn Sie ihm sagen müssen, er soll halblang machen.

»Chris, Ihre Besorgnis, daß ich klitschnaß werde, ehrt mich, aber ich brauche keine Extrabehandlung, weil ich eine Frau bin.«

»Wenn ich bis zum Polarkreis gehen müßte, würde mir mein Gepäck vielleicht zu schwer. Aber der Aktenkoffer wiegt weniger als eine Tüte Lebensmittel.«

Wenn Sie Herrn Höflich oft sehen, könnte eine erzieherische Plauderei von Frau zu Mann hilfreich sein.

»Larry, heutzutage wünschen viele Geschäftsfrauen keine Extrabehandlung. Das würde uns weniger tüchtig aussehen lassen, als wir sind. Darum wollen wir von jetzt an getrennt bezahlen und unsere Aktenkoffer selbst tragen, okay?«

In meiner Firma starrt einer ständig auf meine Figur

Egal, in welchem Rahmen, es ist so gut wie unmöglich, Merkmale des anderen Geschlechts – oder des eigenen, wenn Sie das vorziehen – zu übersehen. Der einzig sichere Weg zu einem geschlechtsneutralen Umgang miteinander wäre, daß wir alle in Fässern herumliefen.

Dieses Thema betrifft besonders Frauen. Eine Untersuchung hat ergeben, daß fünfundvierzig Prozent der amerikanischen Männer bei der ersten Begegnung mehr auf die Figur einer Frau achten als auf ihre Augen oder ihr Lächeln. Dagegen erklärten nur sechzehn Prozent der Frauen, daß dem Körperbau eines Mannes ihr erster Blick gelte.

Aber das Eindringen eines Figurgaffers in Ihre Firma kann Ihr sicheres Auftreten gefährden. Charlotte, Verkaufsleiterin in einem Bekleidungsgeschäft, fühlte sich belästigt durch die Gewohnheit des Inhabers, seine Begrüßung direkt an ihren Busen zu richten. Dieses Starren, das oft von dem Ranghöheren praktiziert wird, kann eine Methode sein, das Machtgefälle zu demonstrieren oder – bei Gleichrangigen – ein Machtungleichgewicht zu schaffen. Er übt sein »Recht« aus, Sie von oben bis unten zu mustern, während von Ihnen erwartet wird, daß Sie still dastehen und sich mustern lassen.

Ganz abgesehen davon, daß es lästig ist, behindert anstößiges Anstarren Sie an der Ausübung Ihrer Pflichten in Ihrem Betrieb. In den Momenten, wo Sie beglotzt werden, sind Sie keine Arbeitskraft, sondern eine Ansammlung von Körperteilen. Ein geiler Gaffer verdient ein blaues Auge, aber das ginge in der Firma natürlich nicht an. Es gibt jedoch Mittel und Wege …

Wie man Figurgaffern auf die Finger klopft

1. *Vermeiden Sie eine schüchterne Reaktion.* Wenden Sie den Blick nicht ab, legen Sie den Kopf nicht schief, kichern Sie nicht. Das würde signalisieren, daß Sie das Starren tolerieren.

2. *Vermeiden Sie möglichst, sich den Blicken auszusetzen.* Postieren Sie sich oder richten Sie Ihren Sitzplatz so ein, daß Sie weniger sichtbar sind. Tragen Sie einen Kittel, oder schützen Sie sich durch einen großen Aktenkoffer. Charlotte stellte fest, daß ihr Chef sich ganz normal benahm, als sie sich hinter einem Haufen Kleidungsstücke verbarrikadierte, der ihr bis an den Hals reichte.

3. *Weichen Sie der gaffenden Person aus.* Ersticken Sie das unverschämte Benehmen im Keim, indem Sie, sobald es losgeht, die Kommunikation beenden. Vielleicht begreift der Gaffer dann, daß Sie ihn nicht besonders mögen. Diese Strategie eignet sich für kurze Begegnungen im Flur und informelle Gespräche in der Firma.

4. *Nehmen Sie sich den Übeltäter direkt vor.* Wenn es Ihnen zuviel wird (und eine einzige Ungehörigkeit kann schon zuviel sein), bedienen Sie sich folgender Methoden, um dem Glotzen ein Ende zu machen:

- Setzen Sie voraus, daß er unschuldig ist. Tun Sie so, als setzten Sie ihn von etwas in Kenntnis, dessen er sich nicht bewußt war.

  »Ich bin sicher, Sie wollen mich nicht beleidigen, aber wissen Sie eigentlich, daß Sie meine Figur andauernd anstarren, wenn wir miteinander reden?«
- Die aggressive Direktheit:

  »Jim, ich würde es begrüßen, wenn Sie zu mir sprechen würden, und nicht zu meinem Busen.«

  »Brenda, es macht mich verlegen, wie Sie mich so ansehen.«

»Conny, hab ich rote Flecken auf der Bluse oder was?«

- Starrwettstreit. Tiere bestimmen, wer der Stärkste ist, indem sie sich gegenseitig niederstarren. Sehen Sie ihn so an, wie er Sie ansieht. Dann sind Sie wenigstens nicht die einzige, die sich unwohl fühlt. Und da Sie ihn überrumpelt haben, wird er vermutlich als erster aufgeben.

PS: Mogeln Sie dem Übeltäter eine Kopie hiervon in die Post:

> Gaffer, gib's auf,
> So geht's einfach nicht.
> Statt starr auf den Busen
> Guck mir ins Gesicht.

Frauen von heute wissen, was sie wollen:

Geld nicht nur verdienen, sondern auch gut anlegen, Karriere machen statt jobben, selbständig werden statt abhängig bleiben.

Susanne Kazemieh:
Frauen sorgen vor
Versicherungen, Rente, Steuern, Geld- und Kapitalanlage
dtv 36514

Chris Dietsche, Jutta von Westernhagen, Anne-Katrin Steinborn:
Frauen machen Geschäfte
Der Weg zur beruflichen Selbständigkeit
dtv 36520

Von der ersten Idee bis zur Eröffnung des Geschäfts – mit praxisnahen Beispielen, Arbeitshilfen, Checklisten, Adressen, Anlaufstellen und einem »Gründungsfahrplan« durch alle Stationen der Existenzgründung.

Birgit Westerholt:
Frauen können führen
Erfolg und Karriere durch Motivation und Kompetenz
dtv 36521

Frauen führen anders: motivierend, mitarbeiterorientiert, kommunikativ und kompetent. Führungsqualitäten sind erlernbar und entscheidend für den beruflichen Erfolg. Die Autorin zeigt Frauen, wie sie ihre Stärken gezielt einsetzen können.

Nele Haasen:
Frauen steigen ein
Jobs, Berufe, Karrieren mit Zukunft
dtv 36515

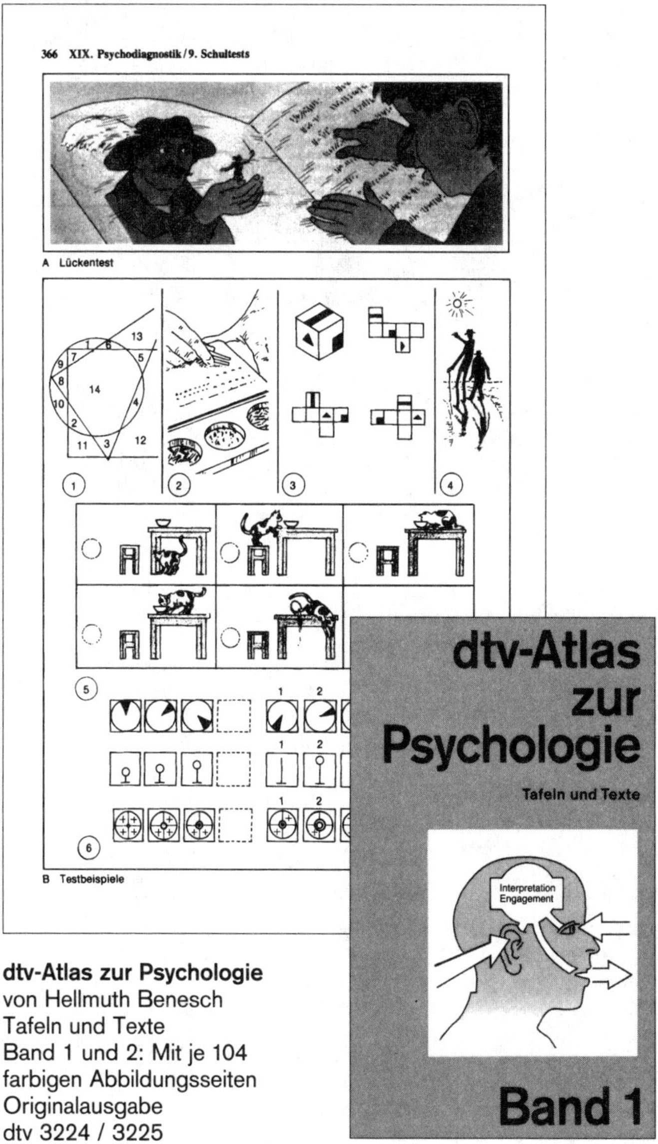
366 XIX. Psychodiagnostik / 9. Schultests
A Lückentest
B Testbeispiele
dtv-Atlas zur Psychologie
Tafeln und Texte
Interpretation Engagement
Band 1

Régine Pernoud im dtv

Foto: Irmeli Jung

Königin der Troubadoure
Eleonore von Aquitanien.
Ein lebendiges Bild aus dem Frankreich des Mittelalters: Leben und Zeit der schönen und klugen Königin von Frankreich.
dtv 30042

Herrscherin in bewegter Zeit
Blanca von Kastilien, Königin von Frankreich, Königin Blanche, die Enkelin der Eleonore von Aquitanien, lenkte die Geschicke ihres Landes mit sicherer Hand durch die Turbulenzen der ersten Hälfte des 13. Jahrhunderts.
dtv 30359

Heloise und Abaelard
Ein Frauenschicksal im Mittelalter. Die Liebes- und Lebensgeschichte des mittelalterlichen Philosophen, der Entscheidendes der Frau in seinem Schatten verdankte.
dtv 30394

Christine de Pizan
Das Leben einer außergewöhnlichen Frau und Schriftstellerin. Vor dem Hintergrund des ausgehenden Mittelalters erzählt Régine Pernoud das Leben der französischen Schriftstellerin, die als erste Feministin in die Geschichte eingegangen ist.
dtv 30086

Die Heiligen im Mittelalter
Frauen und Männer, die ein Jahrtausend prägten.
Mit einem Kapitel über die deutschen Heiligen im Mittelalter von Klaus Herbers.
Leben, Wirken und Leiden jener Frauen und Männer des Mittelalters, die als Heilige bis heute verehrt werden.
dtv 30441